ひとりビジネス 売れる習慣

起業・副業に成功する人が
無意識にやっていること

ひとりビジネスの専門家
佐藤伝 Den Satoh

ONE PUBLISHING

□「ひとりビジネス」を始めてみたいけど、やっぱり不安だ。

□「ひとりビジネス」を始めたけど、思うように売上が上がらない。

□自分の時間を増やして、もっと自由に生きたい！

どれか1つでも当てはまる人は、
次のページをめくってください。

はじめに

「ひとりビジネス」は、自由へのパスポート

働き方が多様化して、「会社を辞めて『ひとりビジネス』を始める」「会社に勤めながら副業をする」「主婦・主夫をしながら、在宅ワークをする」など、**「会社に依存せず、自分の力で仕事をする」**というワークスタイルが定着してきています。

なぜ、「ひとりビジネス」を選ぶ人が増えているのでしょうか。

それは、「ひとりビジネス」を選択することが、**「自由へのパスポート」**＝「自由になるための手段」を手に入れることだからです。

「ひとりビジネス」をすることで、「自由で自分らしい生き方」が実現するからです。

◉ひとりビジネス

会社などの特定の組織には属さずに、プロジェクトベースでゆるい対等の関係性を保ちつつ、自由にユカイに楽しく仕事をしていくビジネススタイル。

組織にとらわれず、好きなときに、好きな場所で、好きな人たちと、ゆるやかにつながって、自分自身を活《い》かしながら社会に貢献していく。

自分の強みを活かして、自由に自分のメッセージを発信しながら、お客さんが「ありがとう！」と感謝し、お金を払ってくれる。

そんな最高にハッピーなビジネスモデルが、「ひとりビジネス」なのです。

「ひとりビジネス」が成功しない人の共通点

私はこれまで、のべ3000人以上の方たちに、「ひとりビジネス」について指導をしてきました。

ひとりでも多くの方に「自由へのパスポート」を手にしてほしいと願い、現在もビジネススクール「ひとりビジネス・オンライン大学」を主催しています。

ここでは、「ひとりビジネス」に必要なマインド、スキル、チームづくりのノウハウ、デジタルツールの使い方などを具体的、実践的にレクチャーしています。

「ひとりビジネス」の戦略、戦術のすべてを学ぶことができ、「ひとりビジネス」をいつでも始められる準備が整います。

しかし、「ひとりビジネス」のノウハウやスキルを学んで、「自由へのパスポート」を手にしながらも、自由になれない人がいます。

なぜ、自由になれないのだと思いますか？

理由は、おもに2つあります。

1つ目の理由は、**「せっかく『自由へのパスポート』を手に入れたのに、旅に出ない」**。

「ひとりビジネス」に興味があり、やり方も学んだのに、結局は「ひとりビジネス」

を始めないからです。

海外旅行にはパスポートが必須です。しかし、パスポートを取得しただけでは海外旅行は始まりません。パスポートを手にしたら、パスポートを実際に使って、世界へ飛び出すことが重要です。

「ひとりビジネス」もまったく同じです。

「ひとりビジネス」に必要なノウハウ、スキルを学び、ツールを手に入れても、実践、実行しなければ、まったく意味はありません。

「自由になれる人」と、「なれない人」の差は、「『ひとりビジネス』を始めているのか、始めていないのか」の差です。

「ひとりビジネス」という名の「自分の理想を追求する自由への旅」に出なければ、自分らしい生き方を実現することは不可能です。

自由になれない2つ目の理由は、**「せっかく旅に出たのに、行動に制限をかけてしまっている」**。

「ひとりビジネス」を始めたのに、自分で自分の限界を決めてしまっているからです。

「自分の能力や経験に対して不安を感じ、チャレンジしない」

「完璧な結果を求めるあまり、『まだまだ準備が足りない』と先延ばしにする」

など、「無理」「できない」と思い込み、行動に制限をかけていると、「ひとりビジネス」を成長させる機会を逃し、結果を出せずに苦しむことになります。

テクニックよりマインドセット！

「ひとりビジネス」がうまくいかなくてもがいている人がいる一方で、「ひとりビジネス」をさらりと軌道に乗せ、ラクラク売れていく人がいます。

両者の違いは、スキルや知識の差ではありません。

本質的な違いは**「マインドセット」**、すなわち**「ひとりビジネス」に対する心の持ち方、考え方**にあります。

「ひとりビジネス」がうまくいかない人は、自分の限界を決め、変化や新しい挑戦に対して臆病になりがちです。

一方、「ひとりビジネス」でラクラク売れていく人は、自分自身の「心」に制限をかけず、成長と挑戦を恐れません。自分を信じ、行動に移します。

結局のところ、**「ひとりビジネス」が成功するために必要なのは、自らの可能性を信じ、前向きに行動し続けるマインドセット**なのです。

マインドセットは、家で言えば土台、木で言えば「根っこ」の部分に当たります。土台や根がもろければ、「ひとりビジネス」は育たないばかりか、すぐに崩れてしまうでしょう。

「ひとりビジネス」は手軽に始められるため、多くの人がテクニックを優先し、マインドセットをおろそかにしがちです。

しかし、**「ひとりビジネス」を成功させ、継続していくには、土台となるマインドセットをしっかりと築くことが最優先**です。

そこで本書では、ラクラク売れる人になるための**「マインドセットの整え方」**を中心にご紹介します。

成功している人のサクセス・マインドをどんどんインストールして、「売れる習慣」を身につけていきましょう。

もしかして「頑張るぞ!」って思っていませんか?

ここまで読んだあなたは、もしかしていつものクセで、

「よ~し、さぁ、頑張るぞ! やらなくちゃ!」

と思っていませんか?

頑張らなくていいんです。

振り返って、よ~く思い出してみてください。

あなたがうまくいったときは、なぜか夢中でワクワクやっていたときではなかったでしょうか?

眉間にシワを寄せて、必死に「なんとかしなくちゃ」「やらなくちゃ」「〇〇すべき」という**must・shouldモードのときはうまくいかなかった**はずです。

なぜなら、そんなときは決まって「波動（バイブレーション）」が粗いから。この世の中に存在するありとあらゆるものには波動があります。イライラした気分でいると、見事なまでに同じ波動のイライラ星人や、トホホなものを引き寄せてしまうのです。

頑張らなくていいので、ワクワク楽しくユカイにサクッとトライしてみてください。「ひとりビジネス」の最大のコツは、ユカイに軽やかにサクッとやってみることなんです。

人生はユカイなラボ（実験場）です。

きっとうまくいきます。

さぁ、本書をガイドブックにして、わくわくスタートしてみましょう！

「ひとりビジネス」の専門家　創造学習研究所　佐藤 伝

ひとりビジネス 売れる習慣

目次

第2章 心の「ブロック」を外す

第3章 心の「ブレーキ」を解除する

第4章 心の「バッド習慣」を断ち切る

第5章
「ファネル」は「ひとりビジネス」の設計図

第6章 集客から販売までの美しい流れをつくる「マーケティング」

第1章

「ひとりビジネス」はテクニックよりマインドセット

「ひとりビジネス」で、お金と自由を手に入れる！

「ひとりビジネス」で、経済的にも精神的にも自立する

私が「ひとりビジネス」をすすめるのは、次の３つのメリットが得られるからです。

【「ひとりビジネス」の３つのメリット】

①「キャッシュポイント」が増える
②時間と場所と人を選択できる
③自分の興味、経験、強みをお金に換えられる

①「キャッシュポイント」が増える

キャッシュポイントとは、「収入源」、つまり「お金の入り口」のことです。
「ひとりビジネス」を始めると、複数のキャッシュポイントを持つことができます。

会社員の方が給料だけで生活するとなると、給料をくれる人の顔色をうかがいながら、人生を歩まなければいけなくなってしまいます。

たとえば、ゴルフで部長が空振りしたのに「部長！　ナイスショット！」と拍手している自分。そういう人生って、なんだか寂しいと思いませんか。

1つの収入源しかないと、「失ったらどうしよう」という不安・恐怖から、お金をくれる人にしがみついて、ビクビク生活することになります。

私は**「収入源を8個持ちましょう」**という提案をしています。

その8個、すべてが大きくなくてもいいのです。大きいものもあれば、小さいものもあってOK。いちばんよくないのは、1つの収入源だけにしがみつくことです。

次ページの「9マスメモ」で、あなたのキャッシュポイントを確認してみましょう。

中央のマスにあなたの名前、周りの8つのマスに収入源を書き込んでください。

たとえば、会社員の方なら「会社の給料」、お店をやっている方なら「店の売上」など、メインの収入源をまず書き込みます。

さらに、株式投資をしているなら「株」、マンション経営をしているなら「家賃」、スーパーでレジ打ちのアルバイトをしているなら「アルバイト代」など、その他の収入源をどんどん書き込みます。

さて、8つのマスをすべて埋められましたか？


今、日本人の多くは、収入源を1つ、せいぜい2〜3個しか持っていません。

「ひとりビジネス」を始めれば、複数のキャッシュポイントを持つことができます。

他に収入源があれば、会社や取引先に依存せずに、自立できます。

「ひとりビジネス」は、本当の自由を獲得するための大きなスプリングボードなのです。

8つのキャッシュポイント(収入源)を持て!

あなたのキャッシュポイント

＊中央のマスの(　　)にあなたの名前を書き込みましょう。

	(　　　)の キャッシュ ポイント	

(例)キャリアコーチ・田中健一さんのキャッシュポイント

PDF教材	企業向け 研修	有料メール マガジン
小冊子	田中健一の キャッシュ ポイント	セミナー・ ワークショップ
ストリーミング 形式の動画・ 音声教材	対面 セッション	サブスクリプション 型コンテンツ (動画・記事)

アナログ商品

デジタル商品

「9マスメモ」にあなたのキャッシュポイントを書き込んでみましょう。
「ひとりビジネス」で、8つのマスのすべてが埋まるようにするのが目標です。

②時間と場所と人を選択できる

「ひとりビジネス」には、時間と場所の制約がありません。

自宅でも、カフェでも、ホテルのラウンジでも、図書館でも、場所を選ばず、好きな時間に、好きな分だけ仕事ができます。

「誰と仕事をするか？」

ビジネスパートナーや取引相手も自分で選ぶことができます。

会社員の場合、職場は1日の大半を過ごす場所で、人間関係も固定化されます。したがって、人間関係が悪いと、大きなストレスにさらされます。

「ひとりビジネス」は組織にとらわれず、好きな人たちとゆるやかにつながって、上下関係ではなく水平関係（対等の関係）が保てるため、人間関係の煩《わずら》わしさから解放されます。

③自分の興味、経験、強みをお金に換えられる

「ひとりビジネス」は、自分の興味や経験、強みを活《い》かし、ご縁のある方々を勇気づ

け、助けていくビジネスです。

自分のメッセージを自由に発信し、お客様が「ありがとう」とお金を払ってくれる。

「ひとりビジネス」は「自分発信ビジネス」であると同時に「人助けビジネス」です。

その結果、自分自身の生命《いのち》も、周囲の人々の生命《いのち》も、イキイキと光り輝く。

経済的にも精神的にも、さらには身体的にも、本当の自由を手にすることができる。

これこそが、「ひとりビジネス」の真髄であり、ゴールです。

売れる習慣
01

「ひとりビジネス」で自由になろう。

あなたのビジネスは、本当に「ひとりビジネス」ですか？

「ひとりビジネス」の厳しい現実!?

この本を手に取った方の中には、「ひとりビジネス」を始めてみたものの、「正直なんだかちょっと疲れたなぁ」と思っている方もいるかもしれません。

✓起業すればもっと自由になれると思っていたのに毎日仕事に追われていて、むしろ会社員のときよりも忙しい

✓好きなことを仕事にすればうまくいくと言われたのに、思うように売上が伸びない

✓毎日Facebookを更新したり、ブログを書いたりするのに疲れてしまった
✓メールマガジンの読者がなかなか集まらずモチベーションが保てない
✓毎月赤字で貯金もそろそろ底をつきそう
✓このままいけば会社員に戻らなければいけないかもしれない

などなど、人によって、理由はさまざまでしょう。

「ひとりビジネス」の業種をあげれば、コーチ、コンサルタント、士業、カウンセラー、セラピスト、スポーツトレーナー、プランナー、師業、店舗経営者、作家、講演家、セミナー講師、写真家、漫画家、イラストレーター、占い師、ヒーラー、小物作家、ライター、デザイナー……

その数は膨大なものになるでしょう。

つまり、「ひとりビジネス」に励む人は相当数に上るわけですが、すべての人が順風満帆で仕事をやっているわけではありません。

あなたはいかがでしょうか？

「ひとりビジネス」は自分発信の提案型ビジネスモデル

「楽しくない」「こんなはずではなかった」と感じている人は、「そもそも論」で考えてみてください。

「あなたが手がけているビジネスは、本当に『ひとりビジネス』ですか？」

もしあなたのビジネスが、「請け負い」つまり、「クライアントから依頼を受け、仕事を終えたあとで報酬を得る仕事」だとすれば、実はそれは「ひとりビジネス」とは呼べません。

なぜなら、「ひとりビジネス」は、**「提案型のビジネスモデル」**だからです。

「ひとりビジネスとフリーランス、何が違うのですか？」

という質問をときどき受けます。

「ひとりビジネス」も、フリーランスも、「自分の仕事や収入について、自分で責任を持つ働き方」であることに変わりはありません。

しかし、**「ひとりビジネス」とフリーランスは、「マインド」が決定的に違います。**

フリーランスは、相手に合わせることが多い「受注型」。

一方、「ひとりビジネス」はもっと主体的な**「提案型」**。自分から商品やサービスを売っていく、**「自分発信」**のスタイルです。

◉フリーランス……受信側（受注型ビジネス）。仕事はもらうもの
◉ひとりビジネス……発信側（提案型ビジネス）。仕事は自分でつくるもの

たとえば、「ウェブ制作会社から依頼を受けて、ニュースサイト用の原稿を執筆するウェブライターの仕事」は、「ひとりビジネス」ではありません。受注型だからです。

一方で、「ウェブライティングのやり方を教えるセミナーを開催したり、そのセミナーを収録した動画教材を販売したりする」のは、「ひとりビジネス」です。商品・サービスを自分発信している提案型だからです。

受注型のビジネスは、
- そもそも仕事の依頼がなければ、報酬が得られない
- 目先の収入を優先し、やりたくない仕事まで受けてしまう
- クライアントとの上下関係が生じやすい

などの理由から、自由度が低くなってしまいます。

あなたのビジネスは、本当に「ひとりビジネス」ですか？
だれかに仕事を「もらう」だけになっていませんか？

あなた自身は「ひとりビジネスをしている」と思っていても、実はそのビジネスは「ひとりビジネス」ではないのかもしれません。だから、苦しいのかもしれませんよ。

売れる習慣
02
「受信側」から「発信側」へシフトしよう。

「ひとりビジネス」が、高確率で成功する要素とは!?

「ひとりビジネス」成功の3要素

「ひとりビジネス」を成功させるために必要なこととは、一体どんなことでしょうか？

私は36年間「ひとりビジネス」を実践し、今では「ひとりビジネス」の書籍を数多く出版し、「ひとりビジネスの専門家」とまで言われるようになりました。そんな私が考える「ひとりビジネス」を高確率で成功させる要素は、次の3つです。

【「ひとりビジネス」成功の3要素】

①マインドセット
②ビジネス・ファネル（設計図）
③マーケティング

①マインドセット

「マインドセット」とは、「心のクセ」。心の持ち方、考え方のことです。

ある出来事に直面したとき、「その出来事をどのように解釈し、どのように行動するのか」は、その人が持っているマインドセットによって決まります。

たとえば、「苦しい」出来事が起こったとき、その「苦しさとの向き合い方」がマインドセットです。

「成長のチャンスだと捉えて挑戦を続ける」のか、「つらい……とあきらめる」のか。

苦しいときにその苦しさとどのように向き合い、どのように行動するのかは、その

「ひとりビジネス」を高確率で成功させる要素とは？

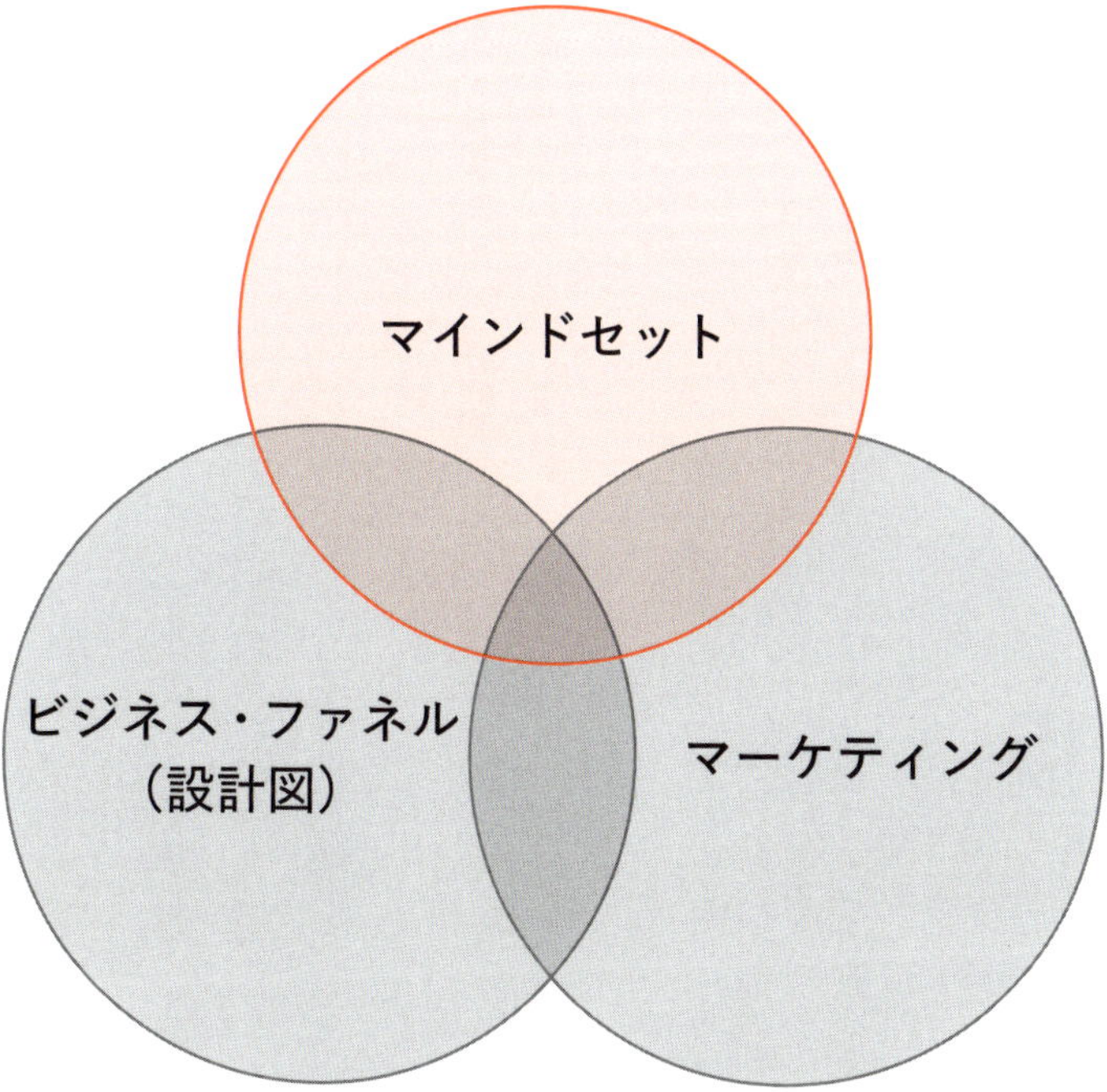

「ひとりビジネス」を成功させるために、
もっとも必要なのがこの３つ。
中でも、「マインドセット」が何より重要！

人のマインドセット次第です。

「ひとりビジネス」を継続するには、テクニックよりもマインドセットが大切です。

正しいマインドセットなくして小手先のテクニックを学んでも、砂上の楼閣《ろうかく》のようにあなたのビジネスは立ち行かなくなり、やがて崩壊してしまいます。

②ビジネス・ファネル（設計図）　※第5章で解説

「ビジネス・ファネル」とは、「ひとりビジネス」という家を建てるための設計図、青写真のことです。

多くの起業家はビジネスを立ち上げるときに、勢いだけでスタートします。

今はパソコンさえあればどこでも始められるのが「ひとりビジネス」です。その手軽さゆえに、商品やサービスを1つ、もしくは2つほど用意しただけで、なんとなく見切り発車してしまうのです。

たとえば、コーチングをしているAさんは、異業種交流会で知り合った方や

Facebookの友人に声をかけてセミナーを毎月開催しています。参加費は5000円。まだそれほど有名でもないAさんは、どんなに頑張って集めても30名が限界でした。売上は15万円。ここから会場費などの諸経費を引くと、手元には10万円ほど残るのですが、セミナー後に「今日はありがとうございました」と何も売らずに終えているAさんの生活が困窮していくのは、至極当然の結果だと言えます。

私はこれまでにのべ3000人以上の「ひとりビジネス」の相談に乗ってきましたが、このAさんのようなビジネスをしている方を大勢知っています。

彼ら、彼女らに共通しているのは、ビジネス・ファネル（設計図）をつくっていないことなんです。

これでは、どんなに頑張っても成功にはつながりません。

儲《もう》からないビジネスは悪です。自分も家族も、関係する人みんなを不幸にしてしまうからです。儲けが出ないと、みんなが泣くことになります。

ビジネスをする人は、きちんと儲けて、自分も周りも社会も、豊かに幸せにしていかなくてはいけません。そのためにも、**ビジネスの設計図が必要**なのです。

③マーケティング　※第6章で解説

マーケティングとは、**「集客と販売を不要にするためのしくみ」**のことです。

本書では、「商品を宣伝し、お客様を集め、販売する」までの一連のプロセスをマーケティングと定義しています。

インターネット全盛時代のマーケティングは、ウェブサイト、ウェブ広告、ブログ、メルマガ、SNSなど、さまざまな発信媒体（インターネット上のデジタルチャネル）を活用して、集客から販売までの流れを構築していきます。

インターネットを発信媒体とするマーケティングは、

- 限られた予算で（低コストで）集客できる
- 多くの人にアプローチできる
- しくみができてしまえば、自動化、効率化できる

といったメリットがあるのです。

マインドセットが「ひとりビジネス」の推進力

「マインドセット」「ビジネス・ファネル（設計図）」「マーケティング」3要素の中でも、もっとも重要なのが、マインドセットです。

マインドセットは、「ひとりビジネス」を推し進める「心のエンジン」です。

エンジンのない車は「ひとりビジネス」という名の道路を走ることはできません。

逆に言えば、マインドセットが整えば、あなたの「ひとりビジネス」はどんどん加速していくのです。

売れる習慣 03

「ひとりビジネス」は、マインドセットが9割。

合言葉は、「カンタン、ちょろい、楽しそう」

「クローズ・マインドセット」と「グロース・マインドセット」

マインドセットには、大きく2種類あります。

①クローズ・マインドセット
②グロース・マインドセット

クローズとグロース。

文字だけを見れば、「濁点の位置（クとグ、スとズ）」の違いしかありません。

しかし、「ひとりビジネス」を成功させるうえで、濁点の位置の違いは、見た目以上に大きいのです！


「クローズ・マインドセット」と「グローズ・マインドセット」では、「リスク（失敗）」の捉え方に大きな違いがあります。

①クローズ・マインドセット（固定思考）

クローズは「固定」という意味。**「自分の能力は固定されていて、努力をしても変わらない」**と考える思考パターンです。

「失敗するかもしれない」

「評価されないかもしれない」

と萎縮して、チャレンジを避ける傾向にあります。

現状維持を好み、変化のリスクを避ける傾向にあるため、

「どうせ、○○だから」

「だって、○○だから」

「しょせん、○○だから」

「でも、○○だから」

と、行動しない口実（言い訳）を頻繁に口にします。

一度失敗したら「自分には無理だ」とあきらめてしまいます。

②グロース・マインドセット（成長思考）

グロースは「成長」という意味。**「自分の能力は努力によって高めることができる」**と考える思考パターンです。

失敗を恐れずにどんどんチャレンジし、挫折や失敗を経験しても、それを成長の機会と捉えます。失敗から学び、改善しながら成功に近づいていきます。

好奇心が旺盛で行動力があるため、

「どうせなら、○○してみよう」

「だからこそ、○○できる」

「そうなんだ、やってみます」

と、**「やらない理由」よりも「やる理由」**を口にします。

たとえば、AさんとBさんが「ひとりビジネス」を始め、ふたりとも同じ商品を販売していたとします。しかし、AさんとBさんには、ビジネスのマインドセットに大きな違いがありました。

Aさんは「グロース・マインドセット」を持ち、「恐れずにチャレンジし、失敗を楽しむ」ことができます。

一方、Bさんは、「クローズ・マインドセット」を持ち、「リスクを恐れて、現状に満足する」傾向にあります。

AさんとBさん、どちらが売上を伸ばすことができるかは明らかです。

Aさんは困難な状況に直面してもあきらめず、ビジネスを見直しながら前に進むことができるからです。

同じ商品を扱っていても、マインドセットの違いが売上に大きな影響を与えます。

人生は、案外カンタンに開けていく

クローズ・マインドセットの人がリスクを恐れるのは、潜在的に、

「人生は、甘くない」

「人生は、カンタンではない」

「人生は、もともとつらいものだ」

という、心の壁があるからです。

「人生は、甘くない」と考え、今の自分に甘んじて、自由を得ることができません。


反対に、グロース・マインドセットの人がリスクを恐れず、チャレンジできるのは、

「人生は、案外、カンタン」

「人生は、案外、ちょろい」

「人生は、楽しそう」

と、楽観的だからです。

「人生は甘い」と考え、

「新しいビジネスチャンスに積極的に挑戦できる」

「ポジティブなエネルギーをチームに与えることができる」

「ストレスやプレッシャーを感じにくく、健全な精神状態を保てる」

だから、「ひとりビジネス」の成功確率も上がります。


普段、クローズ・マインドになっていないか、自問自答してみましょう。

「ひとりビジネス」は、自由を獲得していくプロセスです。グロース・マインドになったほうが、絶対うまくいくのです。

「ク」を「グ」に、「ズ」を「ス」に。

点々（濁点）の位置を変えるだけで、人生はまったく違うものになるはずです。

売れる習慣 04

「クローズ・マインドセット」を「グロース・マインドセット」にしよう。

「ひとりビジネス」は、「動機」よりも「熱量」が決め手

動機はネガティブでもかまわない

AさんとBさんが、それぞれ、「ひとりビジネス」を始めることになりました。

・Aさん……動機がネガティブ

「今の仕事が嫌で嫌でしかたない。肉体的にも精神的にもしんどすぎる。もう会社を辞めよう。自分は会社勤めには向いていないので、『ひとりビジネス』を始めたい。何を始めるかは決めていないけれど、自分らしく働けるように、精一杯努力しよう」

・Bさん……動機がポジティブ

「今の仕事は十分にやり切った。実績も積んだ。自分が培った経験を活かして独立したい。会社員でいるよりも『ひとりビジネス』を始めたほうが、フットワーク軽く、スピーディーに仕事ができるはずだ。自分らしく働けるように、精一杯努力しよう」

ここで質問です。

AさんとBさん、どちらの「ひとりビジネス」が成功しやすいと思いますか？

おそらく、多くの人が「Bさん」と答えるのではないでしょうか。なぜなら、Aさんの動機はネガティブだから。

Aさんのようにネガティブな動機づけをする人に対して、

「現状から逃げていて、根本的な問題が解決されていない」

「ネガティブな感情だけでは、モチベーションが低下する」

「短期的には結果が出ても、長期的な成果を求めることはできない」

といった評価をするのが一般的です。

しかし、私の見解は違います。

「ひとりビジネス」の場合、「ポジティブな動機のほうが成功しやすく、ネガティブな動機だと失敗しやすい」わけではありません。

成功するか、しないかを決めるのは、「想《おも》いの強さ（想いのエネルギー量）」です。

「このブラック企業から抜け出せるのであれば、何でもやります！」

といったネガティブな動機でも、

「こういうことがしたいので、『ひとりビジネス』にチャレンジします！」

といったポジティブな動機でも、どちらでもＯＫです。

一般的には否定されがちな「ネガティブな動機」でも、強い想いは変革へのエンジンになるのです。

売れる習慣

05

動機はネガティブでもいいから、強い想いで取り組もう。

「3個の円」がマインドセットのリマインダー

3つの円が重なるところが、あなたの「ひとりビジネス」

多くの人は、「好きなこと」「得意なこと」を仕事にしたいと考えます。
好きなことを仕事にすれば、成功するのでしょうか？
得意なことを仕事にすれば、成功するのでしょうか？

たとえば、『ドラえもん』に登場するジャイアン。ジャイアンは「歌う」ことが大好きです。では、ジャイアンが歌で大成功するでしょうか？

成功しません。

残念ながら、彼は歌が上手ではありません。ジャイアンの調子はずれな歌を聞きたいという人はいない（いても少ない）からです。

「ひとりビジネス」で成功するには「好き」なだけではダメで、上手（得意）でなくてはいけないのです。


一方、のび太くんは、「あやとり」が大好きで、しかも得意です。では、のび太くんは、あやとりの「ひとりビジネス」で成功するでしょうか？

成功しません。

なぜなら、マーケットが小さいから。つまり、のび太くんからあやとりを学びたいという人はほとんどいないからです。

「ひとりビジネス」を成功させるには、大好きなだけではNG。得意なだけでもNG。大好きで得意でも、NG。人がそれを求めている（ニーズがある）ことが必要なのです。

あなたの「ひとりビジネス」はココにある！

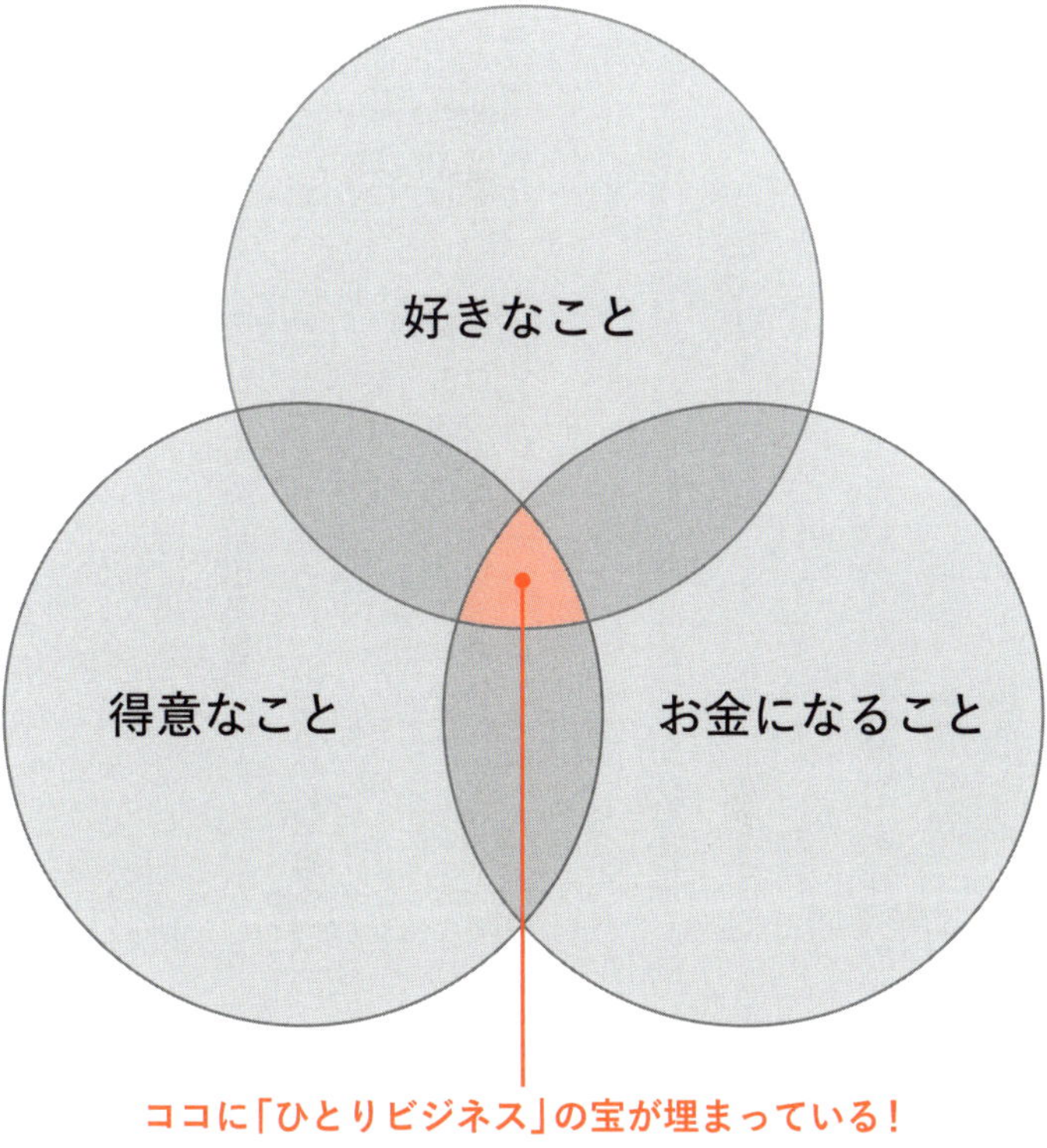

**3つの円が重なるところが、
あなたの「ひとりビジネス」！**

「お金を払ってでも、あなたのサービスを受けたい、あなたのものを購入したい」と思ってもらえるかどうかが重要です。

「好きなこと」「得意なこと」「お金になること」

49ページの図のように、この3つが重なるところにこそ、「ひとりビジネス」の宝が埋まっています。

「三方よし」トリプルWinを目指せ

江戸時代から明治にかけて活躍した近江《おうみ》商人の経営哲学の中に、「ひとりビジネス」を成功に導く心得があります。

近江商人が培った商いの精神が、「三方よし（さんぼうよし／さんぽうよし）」です。

三方よしとは、「売り手よし」「買い手よし」「世間よし」の3つの「よし」のこと。

すなわち、「売り手と買い手と世間の三者が、全部ハッピーになれるようにしていくと、商売がグルグル回っていく」という法則です。

近江商人の「三方よし」

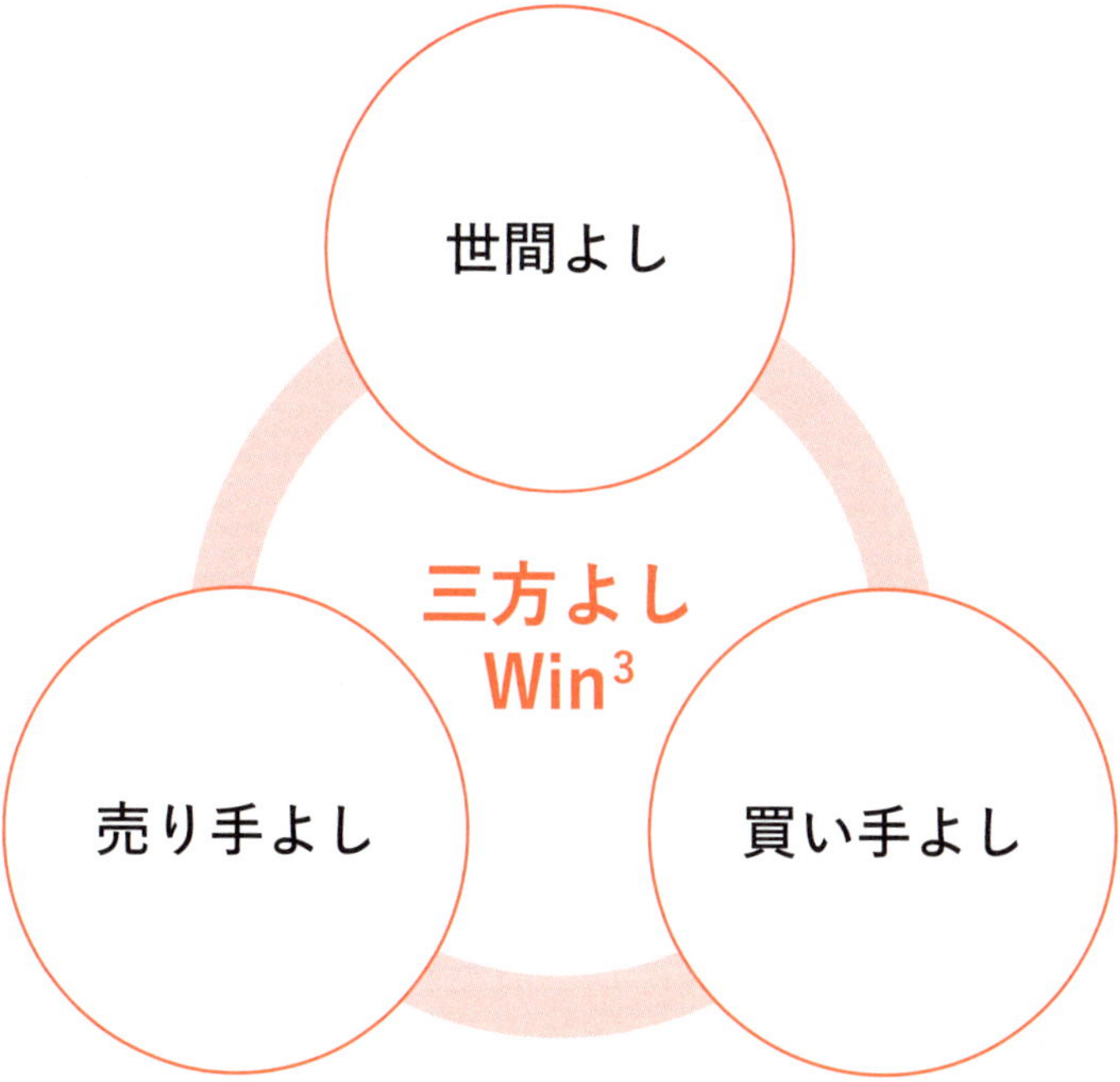

売り手＝自分もよし（自己実現）
買い手＝相手もよし（思いやり）
世間もよし（社会貢献）

「ひとりビジネス」は
トリプルWinを目指すことが大切。

ビジネスには、Ｗｉｎ－Ｗｉｎという言葉があります。売り手と買い手、両方に利益があるという意味です。

「ひとりビジネス」では、Ｗｉｎ－Ｗｉｎから**トリプルＷｉｎ**へ。

私利私欲を追い求めるのではなく、商品やサービスを通じて相手が満足し、さらには、社会全体に貢献することを目指します。

「自分のため」というエゴにまみれた近視眼的な視点では、「ひとりビジネス」は成功しません。

「星のため、道のため」

この星（地球・宇宙）のため、道（真理・生命）のために地球規模で物事を考えるマインドが、「ひとりビジネス」を成功へと導くのです。

最初に「ＷＨＹ（なぜ）」を考える

「ひとりビジネス」がうまくいかない人の多くは、最初に、「何をやるのか（ＷＨＡＴ）」「どのようにやるのか（ＨＯＷ）」を考えます。

「ＷＨＡＴ➡ＨＯＷ➡ＷＨＹ」の順で考えると、「なぜやるのか（ＷＨＹ）」という目的（＝志）が定まらず、ビジネスの方向性が不明確になります。

そして、そのほとんどは成果が出ないまま、自然消滅していくのです。

うまくいっているビジネスは、最初に、「なぜやるのか（ＷＨＹ）」を考えています。

いちばんコア（核）なビジネスの軸となる「ＷＨＹ」をはっきりさせてから、「ＨＯＷ」「ＷＨＡＴ」を考える。

「ＷＨＹ➡ＨＯＷ➡ＷＨＡＴ」

この順番で「ひとりビジネス」を考えると、「自分の理念、信念」が明確になるため、ブレることなく、一貫性を持ってビジネスを進めることができるのです。

WHY（なぜやるのか）から考える

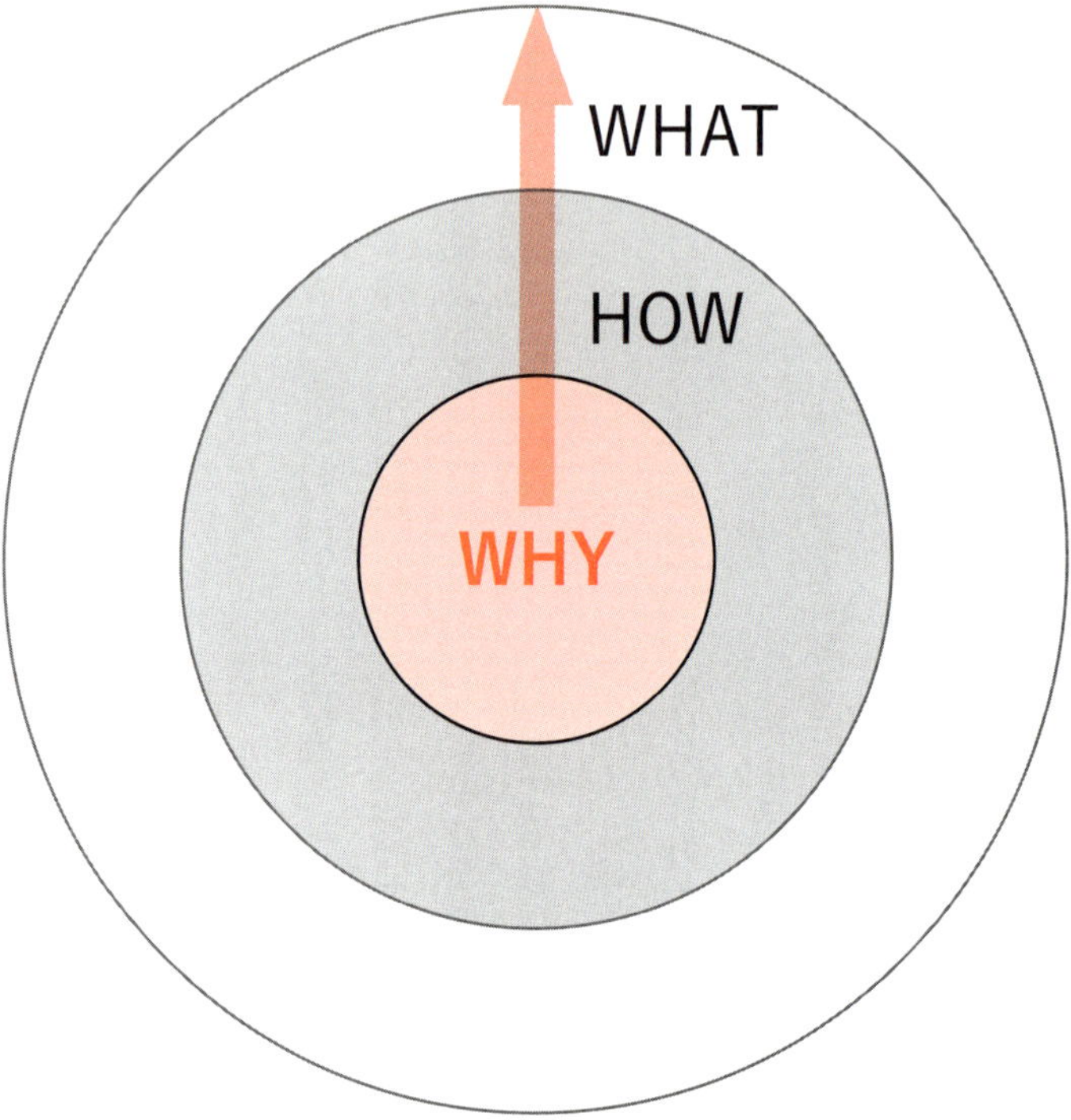

**HOWやWHATよりもWHYが重要。
まずコア（核）となる「WHY（なぜやるのか）」から
考えると、ビジネスがうまくいく。**

「何をするのか」ではなく、「なぜするのか」。
そのコアな部分がクリアになればなるほど、そのビジネスは人から応援され、加速し、みるみる形になっていくのです。

ここでは、3種類の「3つの円」がキーイメージとなったマインドセットをご紹介しました。
定期的に図を思い出しながら、自分のマインドセットをチェックしましょう。

売れる習慣 06

3種類の円の図で、マインドセットをチェックしよう。

「一発、儲けてやろう」は9割失敗する

「不足感」を原動力にしない

知人のAさんは、定年退職後に「おもちゃ」の輸入事業を立ち上げました。退職金を原資に中国からおもちゃを仕入れ、倉庫を借りたまでは順調でした。

しかし、結果的にこの事業は失敗に終わります。

食品衛生法では、「乳幼児が口に接触することにより健康を損なうおそれがあるおもちゃ」に関して輸入規制がなされています。

Aさんが仕入れたおもちゃには、規格外の原材料が使われていたため販売許可が下

りず、廃棄処分することになったのです。

Aさんは多額の借金を抱えたうえに、夫婦関係も破綻して離婚しました。

Aさんの事業が頓挫《とんざ》した原因は明らかです。Aさんが「一発、儲けてやろう」という邪《よこしま》な心にとらわれ、怪しいおもちゃを仕入れていたからです。

ウヒヒという気持ちでやるから、奥さんにも話せなかったわけです。

私利私欲にまみれた「ひとりビジネス」は、例外なく失敗に終わります。

「これで日本の子どもたちをよりハッピーにするんだ」

と言えない自分がいたわけです。

Aさんのように「ひとりビジネス」がお金目的の人は、実は多いです。

お金目的の人は、「不足感」からビジネスをスタートしています。

お金、名声、愛情など、

「足りないからなんとかしないといけない」

という不足感が原動力になると、**「奪うモード」**に入っていきます。

「ないものを獲得して埋めていけば、幸せになれるはず」

という幻想にとらわれ、足りない部分を一生懸命埋めようとするのですが、凸凹《でこぼこ》を埋めようとしても、いつまでたっても満足できず、常に足りないのです。

不足感を原動力にした「ひとりビジネス」は、

- 「自分を満たすこと」「自分が得すること」で頭がいっぱいになってしまい、「相手がどう思うか」を考えない
- 自分の利益のみを追求するため、チームワークが築けない
- 独り占めしたがるため、他者の応援を得られない
- コツコツ成果を積み上げるより、一攫《いっかく》千金、一発逆転を狙うためリスクが高い
- 心の寂しさを埋めるために散財する

などの理由で、短期的な成功は得られても、長期的な成功は望めないのです。

損得より、尊徳

一方、**うまくいっている人は、「感謝」からスタートしています。**

「感謝からスタートする」とは、不平不満、愚痴、悪口、文句のない状態で、「誰かの助けになりたい」という目的に向かって「ひとりビジネス」を始めることです。

感謝からスタートする人は、**「与えるモード」**になります。

「今のままで100点満点」

「100点の自分がどんどん大きくなって、輝くだけ」

と、「今あるもの（自分がすでに持っているもの）」に目が向いているため、お金ばかりを執拗に追いかけることがありません。

「感謝」は、「ひとりビジネス」の大きな土台です。

感謝の気持ちを強く持つと、

「不足感」ではなく、「感謝」からスタート！

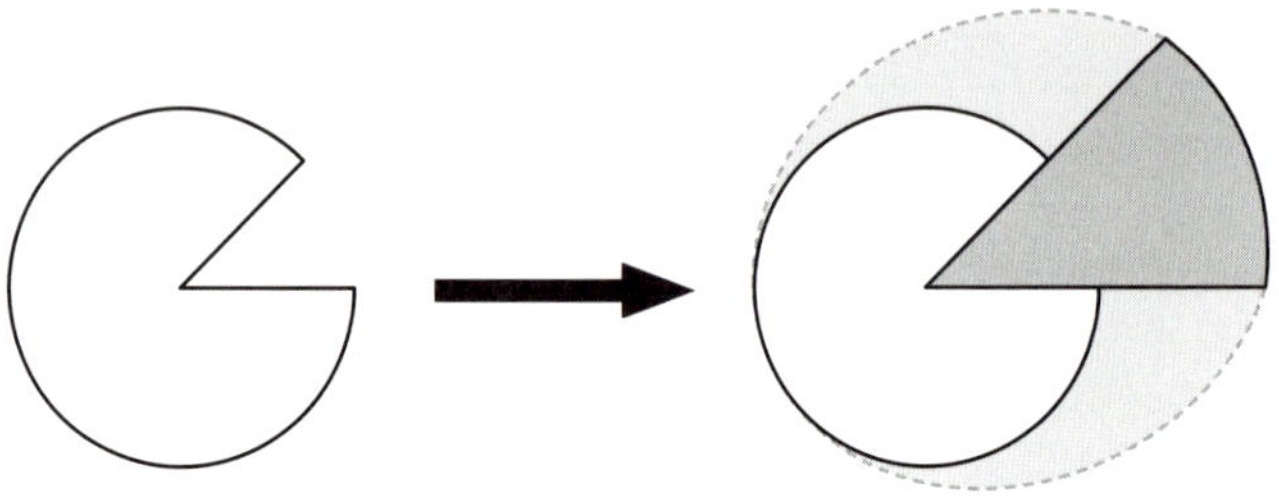

「不足感」を埋めようとしても、
ピッタリ埋まらず、常に足りない。

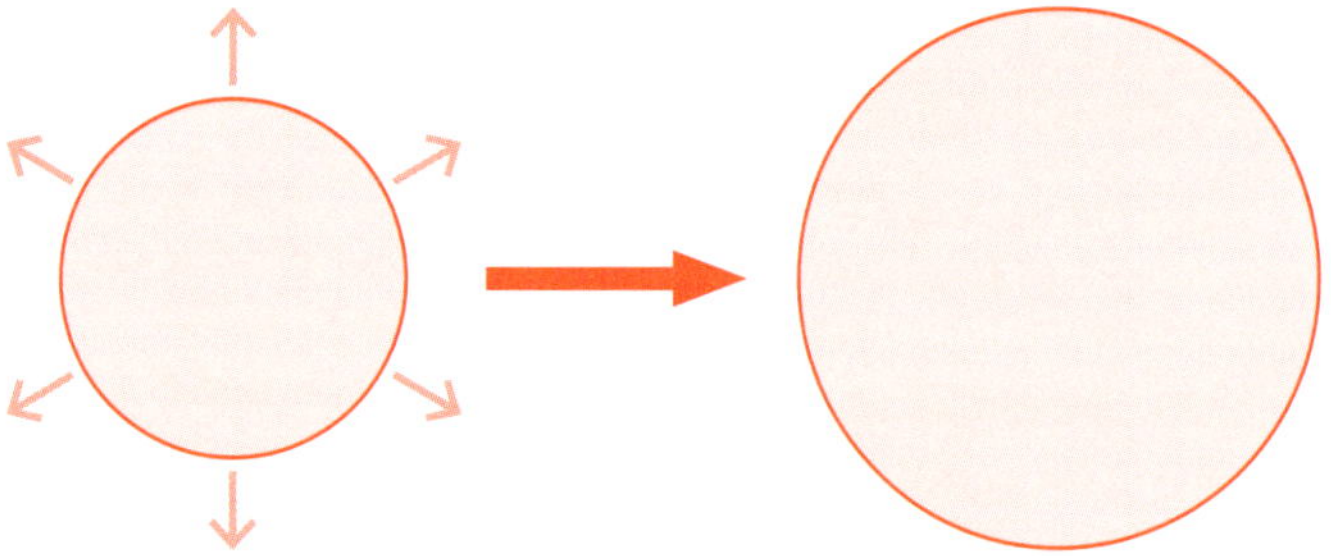

「感謝」からスタートすると、100％の自分が、
そのまま大きくなって輝くだけ。
あなた自身は、何にも欠けていない完全な尊い存在です。

- 周囲の人々からのサポートが得やすくなる
- 「人に喜んでもらいたい」という貢献欲が高くなり、商品やサービスの質が上がる
- 自分の仕事が誰かの役に立っていると実感できるため、モチベーションが上がる

といった理由で、「ひとりビジネス」の好循環を生み出すことができます。

「不足感」からスタートしている人は、損得。
「感謝」からスタートしている人は、尊徳。
「あるもの」にフォーカスする心のクセをつけましょう。

売れる習慣 07

自分に「ないもの」を数えるのではなく、「あるもの」にフォーカスしよう。

自分のために スタートし、
誰かのために ゴールする

夢＋○＝志

「夢」も「志」も、どちらも「将来実現させたいと思っていること」です。しかし、「何を実現させたいのか」に違いがあります。

◉「夢」……ドリーム。個人の願望。内向き
◉「志」……ビジョン。他者や社会のために実現させたい願望。外向き

人間というのは不思議な生き物。「自分のため」にすることは、カンタンに挫折します。しかし、「自分以外の誰かを笑顔にするため」にすることは持続しやすいのです。

「働く」という言葉は「傍《はた》をラクにする」に由来すると言われています。「傍」には「そば」「そばにいる人」の意味があることから、働くとは、「そばにいる人（自分以外の人）の負担を軽くして、ラクにする」ことを指します。

「ひとりビジネス」にも、「自分以外の人を豊かにする」という「志」が必要です。

たとえば「カフェのオーナーになる」は個人の夢。
「地産地消の料理を提供するカフェをつくり、地域の食と農業に貢献する」は志です。
もし今、あなたに個人的な夢があるのなら、その夢を志に変える方法があります。
「夢」に「公《おおやけ》の視点」を加えるのです。
公とは、「人のため」「星のため」「道のため」です。

ビジョン方程式

夢＋公＝志

（ドリーム）　（貢献）　（ビジョン）

自分のエゴのための
「夢（ドリーム）」は、ブレやすく、挫折しやすい。
人のため、星のため、道のための
「志（ビジョン）」は、ブレにくい。
ドリームをビジョンへと昇華させることで、
「ひとりビジネス」は長続きする。

夢＋公＝志

ドリームからビジョンへ。

この**「ビジョン方程式」**を心に刻み、あなたの夢を志へと昇華させましょう。

始まりは小欲（エゴ）だったとしても、

「ご縁のある方々みんなを幸せにするぞ！」

という、大欲（誰もが喜ぶ欲）に変えていきましょう。

「自分のためにスタートし、誰かのためにゴールする」

あなたの夢に「公」が備わったとき、「ひとりビジネス」は周囲からどんどん応援されるようになっていきます。

売れる習慣 08

「ドリーム」を「ビジョン」に昇華させよう。

「3つのB」を外せば、マインドセットは必ず変わる

「ひとりビジネス」の邪魔をする「3つのB」とは？

「ひとりビジネス」の邪魔をする「3つのB」。

何だかわかりますか？

あなたの心の中にこの3つのBがあると、行動を妨げて、「ひとりビジネス」がなぜだかうまくいきません。

【3つのB】
①心のブロック（Block）……幼少期（0～15歳）に形成されたビリーフ（思い込み）によって生まれる、心理的な制限
②心のブレーキ（Brake）……心のブロックが引き起こす、心理的な抵抗や不安
③心のバッド習慣（Bad habits）……心のブレーキがかかり続けることでできあがる、悪い習慣

たとえば、こんな具合です。

・幼少期の体験……親から何度も、何度も、「ちゃんとしなさい」としつけられる
⬇
・ビリーフが生まれる……「ちゃんとしなければいけない」と思い込む
⬇
・心のブロックが形成される……完璧を求めて行動が慎重になりすぎる

「ひとりビジネス」を妨げる「３つのＢ」

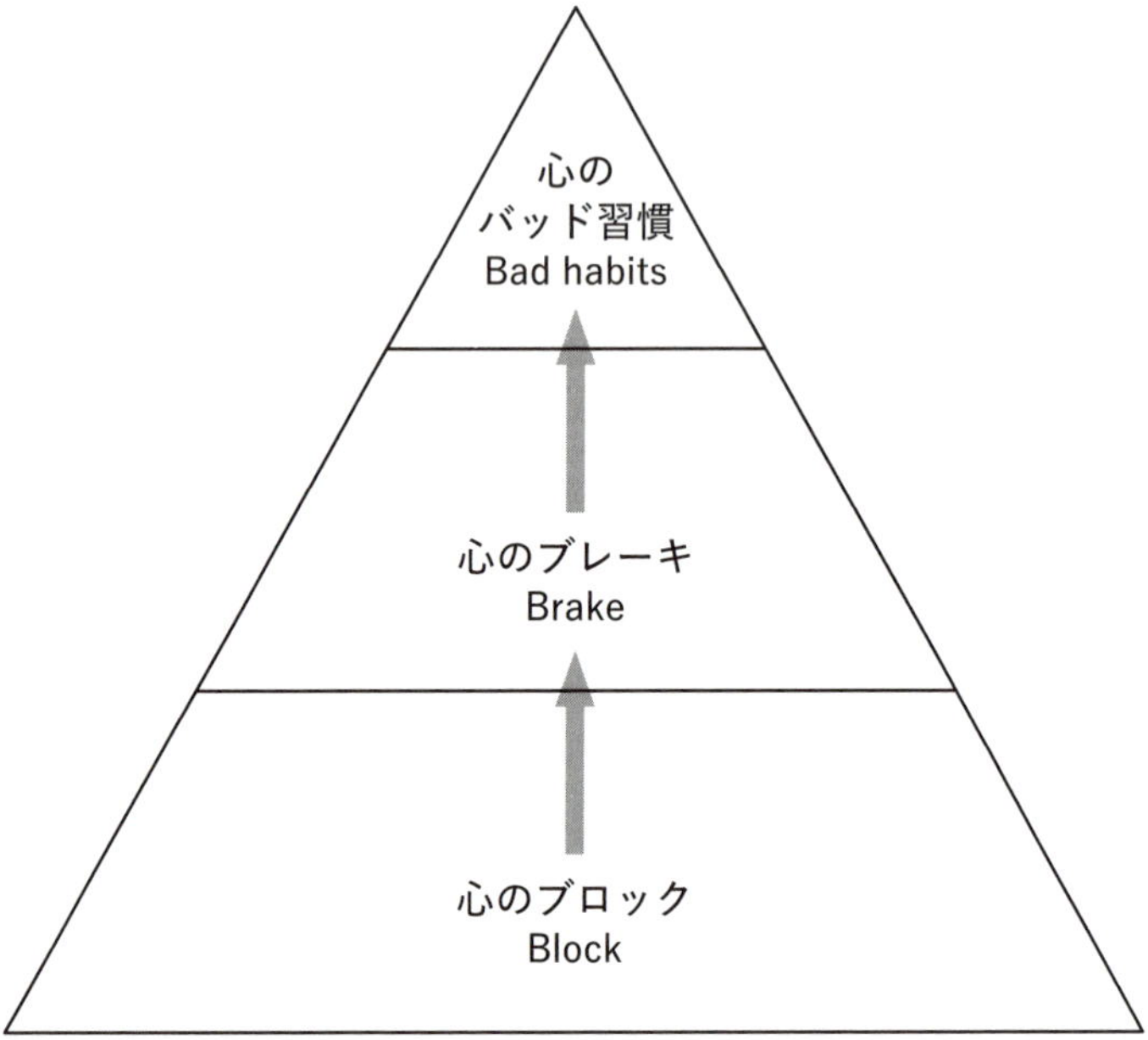

幼少期(０～15歳)に信じ込んでしまった
「ビリーフ(思い込み)」によって、
心理的な制限「心のブロック」が生まれる。
「心のブロック」によって、
心理的な抵抗や不安「心のブレーキ」が生まれる。
「心のブレーキ」がかかり続けることで
「心のバッド習慣」が生まれる。

「ひとりビジネス」をするときも、「完璧なものでなければ、販売してはいけない」「もっともっと、いい商品ができるはずだ」と、時間がかかる。

⬅

・心のブレーキがかかる……「ちゃんとやれる自信がないから」と行動が妨げられる「ひとりビジネス」をするときも、アクセルを踏み込まず、一向に前に進まない。行動が遅れる、または止まってしまう。

⬅

・心のバッド習慣ができあがる……「先延ばしグセ」がつく「ひとりビジネス」をするときも、「先延ばし」というバッド習慣ができあがり、なかなか課題に手がつけられない。

「ひとりビジネス」でお金と自由を手に入れるには、
「心のブロックを外す」（第2章）
「心のブレーキを解除する」（第3章）
「心のバッド習慣を断ち切る」（第4章）

この「三段構え」で、マインドセットを正しい方向に整えることが必要です。

3つのBを外して、「売れる体質」に変わっていきましょう。

やれることから、シンクロ（同時進行）でやっていこう！

心のブロック、ブレーキ、バッド習慣は、どの順番で改善していくのがいいのでしょうか？

結論は、ズバリ、「3つを同時進行でやる」です。

「ひとりビジネス」を停滞させている根源は、「心のブロック」です。

倒すべきラスボス（最強の敵）は、ブロックです。

心のブロックを外すことができれば、ブレーキがかかることはなく、ブレーキがかからなければ、バッド習慣が続くこともなくなります。

しかし、ブロックをカンタンに外すことはできません。ブロックは強敵です。

0歳から15歳までに植え付けられたビリーフは、その後の年月でさらに強化されているため、ひと筋縄ではいきません。

そこで、**どれも少しずつでいいから、全部楽しんでトライする。**

これが答えです。

「順番」という発想を手放すのが「3つのB」から卒業するための秘訣《ひけつ》です。

たとえば、野球選手が、
①まずは、筋トレだ
②筋肉がついたら、はじめてキャッチボールをやってよし
③正しいキャッチボールができたら、今度はバッティング練習に取りかかってOK
とトレーニングに順番をもうけてしまうと、いつまでたっても上達しないと思いませんか？

同じように、何かができるようになったら、はじめて次に進むという考え方はいったん脇に置いて、**楽しそうなことからどんどんトライしていきましょう。**

そうすることで、「ひとりビジネスがうまくいくマインドセット」をいつの間にか手に入れることができるはずです。

そして、

「今、私は自分の心のブレーキを外せたかも。えらいぞ、私！」

と、**できたことにフォーカスして、自分に拍手してあげる。**これが鍵です。

「私って、捨てたもんじゃないよね」

という感覚が大事なんです。

合言葉は「カンタン、ちょろい、楽しそう！」

この魔法のフレーズを口に出すと、なんだかニヤッとしながら行動できてしまいますよ。

売れる習慣

09

「楽しそうなことから、試しにやってみる」という軽いノリでスタートしよう！

第2章

心の「ブロック」を外す

「ひとりビジネス」を妨げる7つのビリーフとは？

「ネガティブなビリーフ」が「心のブロック」になる！

「心のブロック」は、幼少期（0～15歳）に形成された「思い込み」から生まれます。

ほとんどは、両親や兄弟、家庭環境、学校の先生や先輩たちの影響で構築されます。この思い込みを、心理学では、「ビリーフ」と呼んでいます。

次の7つは、「ひとりビジネス」に大きな影響を与えるネガティブなビリーフです。

その中でも、**「①ちゃんとしなければならない」「②お金は汚い」**は、多くの日本人が持つ「2大ビリーフ」と言えます。

【「ひとりビジネス」を妨げる7つのビリーフ】

①ちゃんとしなければならない
②お金は汚い（金儲《もう》けをしてはいけない）
③人さまに迷惑をかけてはいけない
④親孝行しなくてはいけない
⑤リラックスして人生を楽しんではいけない
⑥出しゃばってはいけない（人と同じでなければいけない）
⑦自由に生きてはいけない

ネガティブなビリーフはさらりと捨てて、「心のブロック」を外していきましょう。

売れる習慣 10

「7つのビリーフ」を書き換えよう。

ビリーフ①
ちゃんとしなければならない

直感に従ってまず「やる！」と決める

私が主宰する「ひとりビジネス大学」の受講生A子さんは、ビリーフを書き換えてブロックを外すことに成功。A子さんの「ひとりビジネス」は堅調です。

A子さんの「ひとりビジネス」は、ハンドメイドの小物販売ビジネスです。「ひとりビジネス大学」に入学した当初、A子さんには、「ちゃんとしなければいけない」というブロックがかかっていました。

私「A子さんのように自分で作品をつくっている人は、1つずつ作品を販売するより、個展を開いたほうがいいですよ。そのほうが一度にたくさん売れますから」

A子さん「伝ちゃん先生、何を言っているんですか。個展なんてとんでもない！もっとちゃんとした作品ができるようにならないと無理です。早すぎます」

私「いやいや、それじゃあダメなんです。そんなこと言っていたら、3年たっても5年たっても無理だと思いますよ。作品が揃《そろ》っていなくてもいいから、『いつい つ、どこどこで個展をやります』と先に発表すればいいんです」

A子さん「そうはいっても……」

私「『ちゃんとしてから』と先延ばしにしていたら、何も変わらないですよ。今までと同じ人生でいいのですか？　今までと同じが嫌だから『ひとりビジネス』を始めたのではないですか？」

A子さんは私のアドバイスに従って、まず東京・青山で個展を開催。この個展は、大きな反響を呼びました。A子さんは現在、ロンドン、フィレンツェ、ウィーンなど、ヨーロッパの主要都市で作品を発表しています。

以前のA子さんには、

「きちんと準備してからでないと、個展を開いてはいけない」

「今の自分に、個展を開くほどの実力はない」

と、自分を過小評価するクセがありました。それでもA子さんが変わることができたのは、「現状を変えたい」と強く切望し、「個展をやる」と決めたからです。

熟考してから「やる、やらない」を決めるのではなく、A子さんのように、**「やる」と決めてからプロセスを考えたほうが、最初の一歩を踏み出すことができます。**

「ひとりビジネス」はちゃんとしなくていい！

「ちゃんとしなさい！」

と教育されてきた私たちは、心の中でいつも、

「ちゃんとしなければならない！」

「未完成のものを提出してはいけない！」

という思い込みにしばられています。


しかし、「完璧でないと、リリースしてはいけない！」というのは、思い込みです。

「ひとりビジネス」ではちゃんとしなくていい！　未完成でいいのです。

人生そのものが未完成の実験の連続です。完成された人間なんていません。

完成していない自分を許す。

未完成のものをリリースする勇気を持つ。

それこそが、あなたの「ひとりビジネス」を加速させます。

たとえば、「ちゃんとしなければならない」というビリーフを持つBさんに、取引先の社長が「こういうことをしてほしいのだけれど、どうですか?」と相談をしたとします。

するとBさんは、「ちゃんとできる」場合のみ「できます」と即答しますが、自信がないときは返事を保留しがちです。

「ちゃんとしなければならない」という考え方にとらわれているため、ビジネスチャンスを逃してしまうのです。

一方、「ちゃんとしなければならない」というビリーフを持たないCさんは、多少自信がなくても、「やります」「なんとかします」と肯定的に答え、返事をしたあとで、取引先の期待に応える方法を考えます。

Cさんのようなタイプは、

「見切り発車できる」

「考えてから行動するのではなく、行動しながらシンクロで考える」

「行動しながら修正を加えるため、時短になるだけでなく、結果的に仕事の質も上がる」

そのため、スピード感を持って「ひとりビジネス」を進めることができます。

小さい山のトップを目指す

Bさんのような完璧主義者の中には、「ナンバーワンにならないと意味がない」「人よりも秀でていなければ意味がない」と考える人がいます。

実は「ひとりビジネス」においては、関係している業界のトップになる必要は、まったくもってないのです。

業界トップを目指すと時間だけが経過して、しまいには疲れてしまいます。

「ひとりビジネス」は大企業と違ってリソース（経営資源）が少ないため、大きな山の頂点を目指すのは現実的ではありません。コストとエネルギーがかかりすぎます。

しかし、小さな山の頂点であれば実現可能です。**「日本一」にはなれなくても「この**

小さい山のトップを取れ！

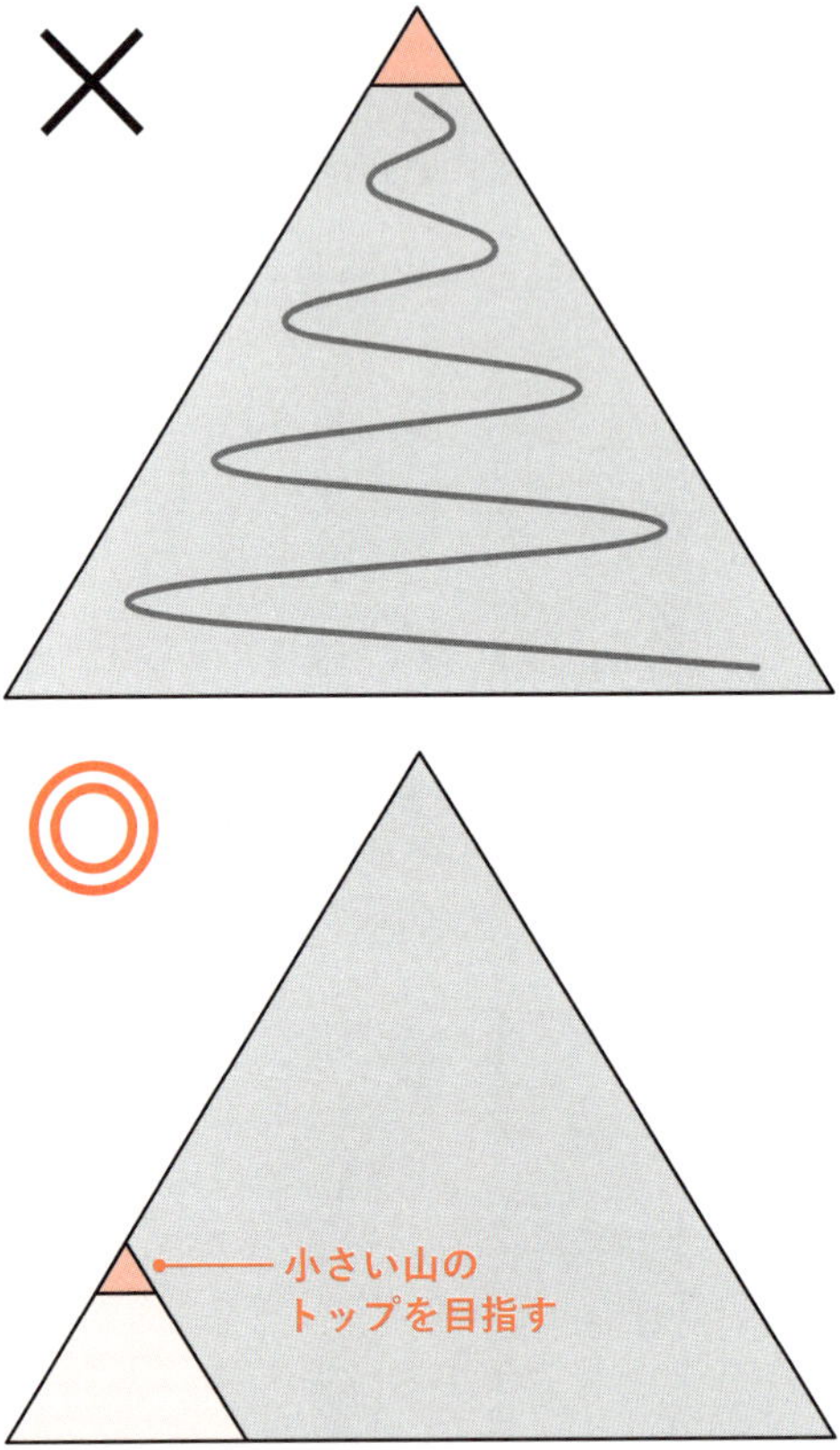

業界全体のトップを狙うと、とてもしんどい!!
「ひとりビジネス」では、
小さい山のトップを目指すのが賢い。

街で一番」「このジャンルで一番」なら、なれる可能性があります。

たとえば、コーチ・コンサルタント業界という巨大な山のトップを目指すのではなく、「子育て中のママ」を対象としたコーチに特化して、第一人者となるほうが早い。しかも、エッジが立ちます。

売れる習慣 11

完璧を目指さない。

「ちゃんとすること」は間違いではありません。しかし**「ひとりビジネス」の目的は「ちゃんとすること」ではないので、完成度よりもスピード重視**です。

時間ギリギリまで粘って100点を目指すよりも、80点でいいので早く始める。「ひとりビジネス」で大切なのは、完璧主義よりも、「ハードルを下げたカジュアルさ」「フットワークの軽さ」なのです。

ビリーフ②
お金は汚い（金儲けをしてはいけない）

「お金」と聞いて何をイメージしますか？


質問です！

「お金」と言われたときに、あなたがイメージするものをあげてください。


たとえば色は？

「灰色」「黒」

と答える人もいれば、

「ピンク」「バラ色」「黄色」

と答える人もいます。

「汚い」「不潔」「なんとなく嫌なイメージ」

という人もいれば、

「キラキラ」「ワクワク」「エネルギー」

などというイメージを持っている人もいます。

本当に千差万別です。


このとき、**お金に対して、マイナスの悪いイメージを持っていればいるほど、「ひとりビジネス」では苦労します。苦労と見事に比例しているのです！　本当です。**

私には長らく「お金は汚いものだ」というビリーフがありました。「お金は汚い」という思い込みをもたらしたのは、幼少期に聞いた祖母の教えです。

私は祖母から、何度も何度も、

「お金をむやみに触ってはいけないよ。お金はいろいろな人が触っているから汚い。

お札を数えるときに、指に唾をつけて数える人だっている。お金を触ったあとは、必ず手を洗いなさい」

と教えられてきました。その結果、

「お金は汚いもの」

「お金は触ってはいけないもの」

という「ビリーフ」が形成されてしまったのです。そして、

「お金は汚いものだから、たくさん受け取ってはいけない」

「お金は汚いものだから、お金について勉強する必要はない」

と無意識の「ブロック」が働くようになり、「お金を稼ぐこと」（自分のビジネスを成長させること）にブレーキをかけていたのです。

お金のメンタルブロックを外す

「ひとりビジネス」がうまくいかない人の多くは、こうしたお金に対する「ブロック」があります。

もしもあなたが、お金そのものに対してブロックを持っていた場合、どんなに売上を上げようとしても、大きな資産をつくることができません。

たとえば、お客様に対しても過度に譲歩して、無償のサービスや大きな割引を提供しがちです。

たとえ一時的に売上がアップしても、**「お金」にまつわるイメージが汚いものだとしたら、入ってきたお金をすぐに散財してしまいます。**

ポケットに犬の糞が入っていたらすぐに放り出しますよね？　それと同じことをしてしまうのです。

その結果、常にお金で苦しむという元の体質に逆戻りしてしまうのです。

結局、いちばん大事なのは、小手先のノウハウではなくて、あなたの心の底に横たわっている「お金」に対するイメージです。

つまり枝葉ではなくて、根っこが重要なのです。根っこが腐っていると、大輪の花は咲きません。

まずは「お金のメンタルブロック」を外す。

知らない間に、幼少期からべったりとこびりついた「お金のビリーフ」から解放されて自由になる。それこそが、もっとも大事なマネタイズ戦略（収益化）の第一歩です。


「お金は汚いもの」というビリーフをさらりと手放して、

「お金は自分が他者に提供した価値の対価」

「お金は『ありがとう』という感謝の想いがカタチを変えたもの」

「お金は汚いものでも、悪いものでもない、ニュートラルなエネルギー」

と、自分自身の潜在意識を納得させて、書き換えることが大切です。

売れる習慣

12

お金の古いビリーフを手放そう。

ビリーフ③
人さまに迷惑をかけてはいけない

迷惑はかけるのもよし、かけられるのもよし

私たちは子どものころから、「他人に迷惑をかけるな」と言われて育ってきました。

だから、「迷惑をかけることは悪いことだ」と思い込んで、人と深く関わらないようにしがちです。

しかし、**誰にも迷惑をかけずに生きることなどできません。**

「人間」とは、迷惑をかけたり、かけられたりしながら、「人の間」で生きていくものなのです。

犯罪行為など、社会通念上の不適切な行いは論外ですが、そうでないのなら、**「迷惑はかけるのもよし、かけられるのもよし」**です。


「迷惑をかけないで生きるぞ」

と決意するのではなく、

「人間は迷惑をかけなければ生きていけないのだから、自分を支えてくれている人に感謝をしよう」

「誰かに迷惑をかけられても、頭ごなしに腹を立てるのではなく、寛容になって受け止めよう」

と考えたほうが、「ひとりビジネス」においても、より多くの人とご縁を結べるはずです。

売れる習慣
13
迷惑をかけてしまう自分を許そう。

ビリーフ④ 親孝行しなくてはいけない

人は3歳までに一生分の親孝行を終えている！


「本当はしたくないけど、親のためにこうしないと……」

「気が進まないのだけど、親が望むからしかたなく……」

そんなふうに自分を追い込んだり、義務感を覚えたりしている方がいます。

自分の生活やキャリアを犠牲にして、親孝行する。

自分のやりたいこと（ひとりビジネス）より、親の期待に応えることを優先する。

「親孝行しなくてはいけない」というビリーフにとらわれている方が多いのです。

しかし、実は、**人は3歳までに一生分の親孝行をすでに終えているのです。**

「笑った！」

「しゃべった！」

「歩いた！」

3歳までの無垢《むく》でかわいらしい存在自体が、最高の親孝行なんですよね。

私たちは「最高の親孝行」をとっくに終えているのですから、親孝行という名の呪縛で自分を犠牲にすることなく、自分の命を輝かせるために、「ひとりビジネス」に取り組みましょう。

売れる習慣
14

自分の命を輝かせるために、「ひとりビジネス」をしよう。

ビリーフ⑤
リラックスして人生を楽しんではいけない

「リラックス」と「ダラダラ」は違う

「リラックスして人生を楽しんではいけない」

そんなビリーフを持つ人は、「苦しいことに耐えるのが美徳」「嫌なことも、文句を言わずにやるのが正しい」と考えるため、「ひとりビジネス」に楽しさを見出すことが苦手です。

自分に対して厳しく、過度に自分を追い詰めて、ストレスがたまりやすくなります。

「リラックスする」と「ダラダラする」は違います。

「ダラダラする」は、特に目的もなく、無意識に時間を浪費することです。
「リラックス」とは、意図的に心身の緊張を緩め、リフレッシュするための行動です。

リラックスすることで、
- 集中力がアップする
- 仕事に対するプレッシャーやストレスが軽くなる
- 前向きな発想や独創的なアイデアが思い浮かぶ

といった多くのメリットがあります。
楽しんでいいのです！
人生は修行ではなく、遊行《ゆぎょう》なのです！

売れる習慣 15

心もカラダも、リラックスしてリフレッシュしよう。

ビリーフ⑥
出しゃばってはいけない（人と同じでなければいけない）

アウトプットしなければ「ひとりビジネス」は始まらない

「ひとりビジネス大学」の九州の受講生B子さんは、とても勉強熱心な方です。「ひとりビジネス大学」を受講する前にも、彼女は5つの起業セミナーに参加し、さらに、3人のパーソナルコンサルタントからビジネスのしかたを学んでいました。

B子さんの「ひとりビジネス」は成功したと思いますか？　失敗したと思いますか？

実は、成功も失敗もしていません。

なぜなら、「ひとりビジネスを始めていない」からです。

B子さんは、幼少期に両親から、

「出しゃばってはいけない」

「大人になったら良妻賢母でいなければいけない」

と教えられ、その教えが心のブロックを形成していたのです。

B子さん「伝ちゃん先生、私は幼いときから『出しゃばってはいけない』と言われて育ってきました。『ひとりビジネス』を始めたい気持ちはあるのですが、目立ちたくないし、家族や知人に知られたくないんです。周囲の目が怖いんです……」

私「だったら、ビジネスネームをつくったらどうですか？　名前を変えればB子さんだとはわからないのでは？　私があなたのビジネスネームを考えますから」

ビジネスネームは、仕事上で使用する本名とは別の名前のことです。自分のセルフイメージを書き換えるための強力なツールになります。

しかし、ビジネスネームをつくっても、B子さんのブロックは外れませんでした。「心のブロックを外したい」という本気度よりも、「目立ちたくない」「傷つきたくない」という恐れのほうが上回っていたのだと思います。

結局、B子さんが「ひとりビジネス」を始めることはありませんでした。

お金を稼ぐことが目的でないのなら、たとえばボランティア活動のように「お金を介さないで自分の知識や技術を提供する」ほうが、B子さんは心の豊かさを得られたのかもしれません。なぜなら、周囲から非難されにくいからです。

お金を稼ぐための仕事は、自己利益や成功を求める行動として見られることが多いため、「出しゃばっている」と感じられる場合があります。

一方でボランティア活動は、他者を助けるために無償で行われるため、利他的な動機が強調される傾向があります。

出すぎた杭は打たれない!?

「出しゃばってはいけない」
「出る杭《くい》は打たれる」

そんなビリーフがある人は見た目でも自分らしさをアピールせず、「無難な格好」を好みます。均一性、同質性を意識するのは、潜在的な「恐れ」があるからです。

杭は出すぎると打たれません。

「ひとりビジネス」において、「自分らしさ」はとても重要です。

自分らしいスタイルを打ち出すことで、自信を持って仕事に臨め、差別化できます。

他の人と異なる独創的なスタイルは、「ひとりビジネス」の独自性につながります。

売れる習慣 16

自分らしさを上手にアピールしよう。

ビリーフ⑦
自由に生きてはいけない

お金は我慢料ではない！

「ひとりビジネス」は、自由を得るためのプロセスです。
「自由に生きてはいけない」というビリーフがある人が「ひとりビジネス」を始めると、心の矛盾が生じて苦しくなります。

このビリーフを持つ人は、「自由を手に入れることよりも、我慢するのが正しい」と考えています。

お金は、やりたくないことを我慢した結果として手にするもの。
つまり、「お金は我慢料」だと考えているのです。

「石の上にも三年」は悪魔のささやき

「我慢」は、一般的に「つらいことや悲しいことに耐える」という意味で使われています。

しかし、もともとは仏教用語で、「自分をえらいと思っておごり高ぶること」を指します。

我慢とは、「自分が、自分が」と自分勝手にふるまうこと、我を張ることなのです。
「我慢」の本来の意味に立ち返れば、我慢するほど利己的になることがわかります。
我慢はしない。我を張るのをやめたほうが、逆に多くの人の共感や応援を得ることができるのです。

ここで質問です。

あなたが「ひとりビジネス」を始めて、2年たったとします。しかし、鳴かず飛ばずの状態が続いていて、成功しているとは言い難い状況です。

このときあなたなら、次のAとB、どちらを選択しますか？

A　「石の上にも三年」で、今までと同じやり方、考え方で、もう1年頑張ってみる。
B　2年間やって結果が出なかったのだから、まったく違うやり方を試してみる。

「ひとりビジネス」で結果を出しやすいのは、Bを選択した人です。

「石の上にも三年」ということわざは、「冷たい石の上も3年座り続けていれば温かくなるように、我慢強く辛抱すれば必ず成功する」という意味です。

苦しいことがあってもたやすくあきらめない姿勢は評価できますが、3年も我慢や辛抱をすると、

「最初に抱いていた情熱や目標への意識が薄れてしまう」

「変化を求める気持ちが失われてしまう」

といった弊害が生じやすくなります。

3年間、同じやり方、同じ考え方で「ひとりビジネス」を続けた場合、「成功しているとは言えないけれど、大失敗しているわけではないし、まぁ、このままでいいか」

と現状に甘んじてしまい、「ひとりビジネス」を成長させることができません。

2年間頑張ってみたものの、満足のいく結果が出ていないのなら、我慢はしない。「撤退」を考える、あるいは「まったく違うアプローチ」を試みて、現状に変化を与えることが必要です。

「やりたいことを自由にやって、結果的にお金が入ってくる」

それが「ひとりビジネス」の正しいあり方です。

売れる習慣
17

2年やってダメなら、我慢しないで、別の方法を考えよう。

自分のビリーフを知る

ビリーフを知る3つの方法

ここまで、7つのビリーフを紹介しました。
自分のビリーフを知ることは、「ひとりビジネス」の成功において、とても重要です。どのようなビリーフが、行動にどんな影響を与えているかを理解することが、心のブロックを外す第一歩になるからです。

ビリーフを知るための方法として私がおすすめしているのが、次の3つです。

【ビリーフを知る3つの方法】
①自分史を作成する
②自己紹介の動画を撮影する
③人に指摘してもらう

①自分史を作成する

「15歳までに獲得した世界観」が16歳以降の人生に影響することがわかっています。「0歳から15歳までの自分はどういう人間だったか」を書き出してみましょう。

自分史を書いて、自分の原点を振り返ってみるのです。

自分史を書くときは、「快の感情」(喜・楽)と「不快な感情」(怒・哀)に分けて、「どのような出来事があって、そのとき、どう感じたのか」「誰に、どのようなことを言われ、そのとき、どう感じたのか」それを洗い出すと、無意識に形成されたビリーフを知るきっかけになります。

父親、母親、祖父、祖母など、周りの人に、

「私はどんな子どもだった？」

「お父さんとお母さんは、私が子どものころ、いつも何て言っていた？」

と聞いてみるのも、自分史を書くうえでの手がかりになります。

・快の感情の例

中学校の入学式で、クラスの代表として大勢の前でスピーチをしたら、帰宅してから両親と祖父母にとてもほめられた。

⬇人前で講演やセミナーをする現在のキャリアの原点になった経験と言えるかもしれない。話すことに自信が持てた。

・不快な感情の例

小学校1年生のとき、お年玉を数えていたら、母親から「お金ばかり数えていると、お金を優先して仕事をする人間になってしまう。お金がもらえる仕事はやるけれど、お金をもらえない仕事はやらない、とお金で仕事を判断する人間にはなるな」と怒られた。

⬇お年玉をもらえた嬉《うれ》しさが、恥ずかしい気持ちに変わり、「お金儲けは卑しいこと」だというビリーフが植え付けられた気がする。今の自分が領収書の整理や、経費の精算が苦手なのは、あのときに怒られたことが影響しているのかもしれない。

②自己紹介の動画を撮影する

自己紹介（3分程度、自分のことを紹介）をしている場面を動画で撮影してみましょう。見返してみると**「話し方のクセ」「思考のクセ」「自己開示の度合い」**などから、ビリーフを知ることができます。

・話し方のクセ

慎重に言葉を選ぶ、「と思います」「のような気がします」を多用して断定しない、など。

⬇「間違ってはいけない」「ちゃんとしなければいけない」というビリーフがある。

・思考のクセ

論理が飛びがち、話の内容が浅い、など。

⬇自分の個人的なエピソードや体験に自信がなく、「自由に生きてはいけない」というビリーフがある。

・自己開示の度合い
自分の短所を話そうとする、「仕事をください」と言えない、など。
⬇「人さまに迷惑をかけてはいけない」というビリーフがある。

③人に指摘してもらう
信頼できる人（友人、同僚、家族など）に、**「自分のどんなところが気になるか」を聞いてみましょう。** 他者評価（周囲が自分をどう見ているか）を知ることができます。フィードバック（指摘）を受けたら素直に受け入れ、自分のビリーフを見直すために役立てましょう。カウンセリングやコーチングを受けることも、無意識的なビリーフを把握する手段として有効です。

私の場合、家族から「話の前振りが長いから、早く結論を言ってほしい」と指摘されたことで、自分の心に、「たくさん言葉を費やして説明しないとわかってもらえない」というビリーフがあることに気がつきました。

私が「結論をあと回しにする」ようになったのは、子どものころに交わした母との会話がきっかけになっています。

ある日、母親に、「お小遣いを上げてほしい」と頼んだところ「ダメ」と即答されたのですが、後日改めて、自分の想《おも》いを丁寧に説明した結果、お小遣いを上げてもらえたのです。

このときの成功体験が「結論から伝えてはいけない」という思い込みをつくったのだと思います。

今でも「結論をあと回しにする」「前振りが長い」というクセが発動することがあるので、セミナーや講演会では、「すみません、心のクセで前振りが長くなります」と先に断っておくことがあります（このひと言で場がなごみます）。

人にやさしく、自分にはもっとやさしく！

自分のビリーフは、自分ではなかなか気づきにくいものです。

ビリーフを知ることは、今の自分を認めてあげることにもつながります。


私たちは「人にやさしく、自分に厳しく」と言われて育ちます。

でも、**まずは自分自身を愛してあげる、自分自身を抱きしめてあげる。**

ネガティブな思い込みや固定観念はサラリと手放して、**「人にやさしく、自分にはもっとやさしく！」**でいいのです。

売れる習慣 18

自分を認めて、抱きしめてあげよう。

心のブロックを外す3つの方法

強固な心のブロックを外すには？

幼少期に刷り込まれたビリーフは、放っておくと日々の中でどんどん強化され、心のブロックを形成してしまいます。

「自分に対する自信の低下」
「失敗や批判への恐怖」
「将来に対する不安」
「『成功するのは無理だ』といった自己制限」

こういった心のブロックを解除することが、「ひとりビジネス」を加速させる重要なステップです。

「心のブロックを外す」おすすめの方法は、この3つです。

【心のブロックを外す3つの方法】

①メタ認知……自分で自分のことを客観的に観察し、必要に応じて調整すること
②ストレスコーピング……原因、悩み、対処法を書き出すストレスマネジメント法
③リフレーミング……思い込みや固定観念を違う視点から捉え直すこと

次から、順番に1つずつご紹介します。

売れる習慣
19

3つの方法で、心のブロックを外そう。

「3行日記」で、「メタ認知」を高める

「メタ認知」を高めると、自分の思い込みに気づける

心のブロックを外す1つ目の方法は「メタ認知」です。

◉メタ認知……自分で自分のことを客観的に観察し、必要に応じて調整すること

メタ認知が低い人は、物事を客観的に見ることができないため、自分の気持ちにとらわれてしまいがちです。「どうせ自分はうまくいかない」と、否定的な感情に入り込

みやすいのが特徴です。

メタ認知の高い人は、自分自身を客観視できたり、多面的に考察できたりします。

そのため感情の沼に溺《おぼ》れることなく、冷静な判断や行動ができます。

何か問題に直面したときもうろたえずに、

「今、どういう状況なのか」

「なぜ、こうなったのか」

「どのように解決すればよいか」

と、客観的に考えることができます。

「3行日記」で「自己対話」

メタ認知を高めるうえで必要なのは、「自己対話」をすることです。

自己対話とは、「自分自身と対話する」「自分に対して問いかけたり、考えを言葉にしたりする」ことです。

自己対話をすると、自分自身が自分のメンター（相談相手、助言者）になります。

自らの内面と向き合うことができるため、
「自分は何を考えているのか、どう感じているのか」
「自分の考えの中に、どのような思い込みがあるのか」
と、客観的に観察できます。

そのための方法としておすすめなのが、「3行日記」です。

「3行日記」のコツは、事実と感情をセットで書くこと。

事実と、そのときの感情をセットにして記録することで、「自分は、こういうことがあると、こういう感情を抱きやすい」という心のクセがわかってきます。

【「3行日記」の書き方】
- 1行目／事実……その日のトピック、もっとも印象的な出来事
- 2行目／感情……1行目に記した出来事に対して、どのように感じたか
- 3行目／解決策（ありたい姿）……次にまた同じような出来事に直面したとき、どのように対処したいと思うか

たとえば、「知人の山田さんが、『ひとりビジネス』で儲けたという話を聞いた」場合。

この今日のトピックに対し、自己対話を進めます。「自分B」が客観的な自分です。

自分A「今日、山田さんが、『ひとりビジネス』で儲けたって言ってたんだ」
自分B「そのとき、どう思った?」
自分A「なんか『嫌だな』と思った」
自分B「『嫌だな』の正体は、何だと思う?」
自分A「認めたくはないのだけど……山田さんに対する嫉妬かもしれない」
自分B「なぜ素直に喜べないのだと思う? どうして嫉妬するのだと思う?」
自分A「自分にはできないと思って避けていたことを、山田さんはいともカンタンにやったからだと思う。私は自分に自信がなかったのかもしれない」
自分B「山田さんにやり方を聞きに行けばいいんじゃないかな。そうすればきっとできるようになって自信もつくし、他人の成功にも寛容になれるよ」
自分A「そうか……そうだね。山田さんに聞いてみようかな」

「自分A」と「自分B」の自己対話を「3行日記」に記すと、次のようになります。

- **1行目／事実**

知人の山田さんが、「ひとりビジネス」で儲けたという話を聞いた。

- **2行目／感情**

山田さんに対して、嫉妬心を覚えた。嫉妬するのは自分に自信がないから。

- **3行目／解決策（ありたい姿）**

うまくいっている人に話を聞きに行ける自分になろう。

嫌な出来事があったら**「そうか、そうか、そう来たか」**。

この客観的な視点を持つだけでも、ぐんと変化があるはずです。

売れる習慣
20

「3行日記」で「メタ認知」を高めて、自分の思い込みに気づこう。

「ストレスコーピング」でストレスを軽減する

原因、悩み、対処法を紙に書き出す

心のブロックを外す2つ目の方法が、「ストレスコーピング」です。

心のブロックを外すためには、ストレスを減らす必要があります。

ストレスがあると、心のブロックが外れないからです。

部屋の片付けをするときに床に物が散乱していると掃除機をかけられないのと同じで、ストレスがあると心のブロックを外すどころではなくなってしまうのです。

◉ストレスコーピング……原因、悩み、対処法を書き出すストレスマネジメント法

ストレスコーピングとは、アメリカの心理学者、リチャード・ラザルス氏が提唱したストレスマネジメント手法です。英語で「対処する・対応する」という意味を持つ「cope」を語源とし、ストレスのもとであるストレッサーに対処することを示しています。

ストレッサーとは、ストレスの原因となる外部環境からの刺激のことです。

ストレスコーピングでは、ストレスを感じたら、次の3つに分けて紙に書き出し、ストレスを軽減していきます。

【ストレスコーピングのやり方】

①ストレッサー（ストレスの「原因」）を書き出す
②ストレス（その原因によって、自分が抱えている「悩み」）を書き出す
③コーピング（ストレスの原因を取り除くための「対処法」）を書き出す

たとえば、連日の夜間工事の騒音に悩まされている場合、このように書き出します。

①ストレッサー（原因）
連日の夜間工事の騒音がひどい。

②ストレス（悩み）
ここ数日はほとんど眠れず、体調を崩してしまった。工事業者に対して、「わざわざ人が寝る時間にしなくてもいいのに！」と怒りの感情がわき上がってくる。

③コーピング（対処法）
耳栓やイヤホンを使用して、外部からの音の刺激を軽減する。
遮音カーテン（室内の音漏れや外からの騒音を軽減するカーテン）に替える。
部屋の窓に防音材や防音パネルを取り付ける。
寝室を別の部屋に変更する（ビジネスホテルなどに宿泊する）。

書き出すことでストレスが軽減する

頭の中で考えていることは曖昧で散らばりがちですが、書き出すことで、

「何が本当に問題なのか」

「何に悩んでいるのか」

と、悩みが明確になります。

また、頭の中で同じことを何度も考え続けていると、原因や対策に意識が向かなくなってストレス（不快な感情）が増幅されることがあります。

自分の悩みを外から客観的に眺めるためにも、「原因」「悩み」「対処法」の3つを、メモ書きでいいので書き出すようにしましょう。

売れる習慣
21
原因、悩み、対処法の3つを書き出して、ストレスを減らそう。

「リフレーミング」で、視点を変えると解釈が変わる

ネガティブな視点から、ポジティブな視点へ切り替える

心のブロックを外す3つ目の方法は、「リフレーミング」です。

◉リフレーミング……思い込みや固定観念を違う視点から捉え直すこと

リフレーミングは、ネガティブな視点からポジティブな視点へと変えていくことが目的です。視点を変えると解釈が変わり、思い込みが外れます。

たとえば、短所・欠点として見えていることも、視点を変えることで、長所や利点として捉えることができます。

- 「落ち込みやすい」➡「深く物事を考える」
- 「気持ちの切り替えが下手」➡「納得がいくまで考える」
- 「長続きしない」➡「フットワークが軽い」
- 「周りを気にしすぎる」➡「心配りができる」
- 「人に合わせすぎる」➡「協調性がある」
- 「堅苦しい」➡「礼儀正しい」
- 「ケチ」➡「経済観念がある」
- 「自信がない」➡「思慮深い」
- 「優柔不断」➡「広い視野がある」

日本人の多くが抱えるネガティブな「2大ビリーフ」もリフレーミングによってポジティブに捉え直すことができます。

【「ちゃんとしなければならない」のリフレーミング例】

- 「失敗は許されない」➡「失敗は成長の一部である」
- 「完璧でなければ価値がない」➡「一歩一歩前に進むことに価値がある」
- 「完璧に準備しなければならない」➡「早くスタートしたほうが、早く完璧に近づく」
- 「きちんと計画を立てなければならない」➡「計画に余白を持たせることも大切」

【「お金は汚い（金儲けをしてはいけない）」のリフレーミング例】

- 「お金は汚い」➡「お金は感謝状」
- 「金儲けをしてはいけない」➡「お金を儲けることで、自分の夢や目標を実現できる」
- 「お金を稼ぐのは難しい」➡「価値を提供すれば、お金は得られる」
- 「お金を使うのが怖い」➡「お金を使うことは、自分への投資である」

このように違う視点から捉え直すことで、心のブロックが外れ、

「（ちゃんとしなくていいから）今すぐやろう」

「（お金儲けしていいから）しっかり稼ごう」

と、行動が変わっていきます。

出来事に意味づけをしているのは、あなた自身

人生で起こるすべての出来事に、意味はありません。すべての出来事は中立的です。

出来事に意味づけをしているのは、人の心です。

私たちは、「○○は良いことだ」「××は悪いことだ」と「良い、悪い」を判断しますが、「良い、悪い」を決めているのは、その人自身です。

自分の捉え方次第で、その意味合いは変わります。


目の前に「お金を稼いだ山田さん」がいたとします。「山田さんがお金を稼いだ」という出来事に、意味はありません。

お金を稼いだ山田さんを見て、

「素晴らしい。自分も見習おう！」

と肯定する人もいれば、

「山田さんはお金儲けのことばかり考える卑しい人だ」

と、否定する人もいます。

お金を稼いだ山田さんを「肯定するか」、それとも「否定するか」を決めているのが、その人の潜在意識下にあるビリーフ（思い込み）です。


出来事、ビリーフ、感情・思考には、次の公式が成立します。

出来事　×　ビリーフ　＝　感情・思考

この公式から、自分の感情やものの見方を決めているのはビリーフであることがわかります。

ビリーフは、言ってみれば「過去の情報の倉庫」です。

この倉庫には、０歳から15歳までの間に、大人たち（両親、祖父母、学校の先生など）から何度も、何度も、繰り返し言われたフレーズが収められています。

このフレーズがビリーフとなって、その人の潜在的な価値観を決めているのです。

たとえば、この倉庫に「お金に関するネガティブなフレーズ」が数多く収納されている人は、お金に対して否定的な考えを持つ傾向にあります。

「ひとりビジネス」で成功したいのであれば、この倉庫の中身を入れ替える（＝ビリーフの上書きをする）ことが必要です。

ビリーフを上書きするためには、リフレーミングによって変換した「ポジティブな世界観」を何度も、何度も、何度も声に出すことです。

【「ひとりビジネス」を加速するリフレーミング例】

※**太字部分**を声に出してください。

・「お金は汚い」➡**「お金は感謝状！」**

「ひとりビジネス」を加速するリフレーミング

（例）

お金は汚い	→	お金は感謝状
セールス	→	貢献（発信）
商品	→	価値

「セールス」ではなくて「貢献（発信）」、
「商品」ではなく「価値」などと
リフレーミングすることで、
心のブロックが外れ、売れる体質に変われる。

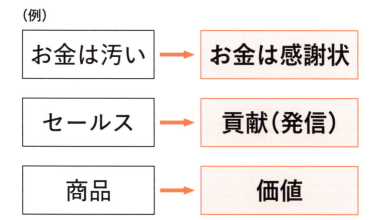

・「人にものを売るのは気が引ける」➡**「セールスは貢献！」「商品は価値！」**
・「貯金ばかりする人はケチな人」➡**「貯金は喜びのダム！」**
・「ちゃんと会社に勤めなければ」➡**「『ひとりビジネス』は自由へのパスポート！」**

繰り返し声に出すことでその言葉が潜在意識に浸透し、心のブロックが外れます。自己肯定感が高まり、ポジティブな思考パターンを強化でき、「売れる体質」に変わることができます。

売れる習慣
22

1日3回、朝昼晩に、リフレーミングで書き換えた「新しい世界観」を声に出そう。

第3章

心の「ブレーキ」を解除する

「ひとりビジネス」を阻む3つの心のブレーキとは？

「頭ではやりたいのに行動できない」理由

「心のブレーキがかかる」とは、**「心のブロックによって、心理的な抵抗が生まれ、行動に制限がかけられている状態」**のことです。

クルマは、ブレーキをかけると停止します。人間も同じで、行動を起こそうとアクセルを踏んでも、心のブレーキが作動すると、前に進むことができません。

その心のブレーキには、大きく分けて、３つの種類があります。

【「ひとりビジネス」を阻む3つの心のブレーキ】

①恐怖のブレーキ……失敗や評価への恐れから生まれるブレーキ

（例）・失敗がこわ〜い
・嫌われたくな〜い
・後悔したくな〜い

②自己肯定感のブレーキ……自信の不足から生まれるブレーキ

（例）・自信がな〜い
・つら〜い
・どうせ自分にはできっこないし……

③先延ばしのブレーキ……楽を求める気持ちから生まれるブレーキ

（例）・面倒くさ〜い
・時間がないよ〜
・しっかりと準備してからでないと……

「現状維持」は、本能として正しい

この3つのブレーキに共通しているのは、ズバリ**「ホメオスタシス」**。

「今のままでいい」という働きです。


◉ホメオスタシス……生体が変化を拒み、一定の状態を維持しようとする働きのこと。

「恒常性」とも呼ばれる

実は、私たちが新しいことに対して「やらない」と拒否を示すのは、人間の正しい反応だと言えます。

人間には、「ホメオスタシス」という生まれつき持っている制御機能があるために、引き戻そうとする力が作用するのです。

ホメオスタシスは生物学的な概念ですが、心理的な側面に適用したのが、心理的ホメオスタシスです。

何か新しいことを始めようとすると、

「そんなこと、しなくていいんだよ」

「普通が一番！」

「何を変わったこと、しようとするんだ。今までのままで大丈夫なのに」

という心の声が、変化を邪魔するのです。

そうなんです。**潜在意識は、変化を嫌う**のです。

頭（顕在意識）では、「変化しよう、変わろう」と思っていても、自分でも知らないその奥の意識は、「安定・今のまま」を強く望んでいるわけです。

一体なぜでしょうか？

それは、命を守るためです。

リスクを取らずに、とにかく何事もなく、

「従来のままでいいんだ！」

そのほうが、生命を長らえることにつながるからです。

ホメオスタシスは、予期せぬ変化がもたらすストレスから自分を守るために無意識に働く防御反応と言えます。

これで、あなたが決してナマケモノではなかったということが判明しましたね。

ホメオスタシスは、心のブレーキの背後にある根本的な要因として働いています。

この**ホメオスタシスの壁を打ち破ることが「ひとりビジネス」を成長させる条件**の1つです。

その方法をこれから説明していきます。

売れる習慣 23

「ホメオスタシス」の奴隷にならない。

挑戦するかしないか迷ったら、〇〇するほうを選べ！

「変わりたくない」「でも、変わりたい」

前述したように、**人間には「ホメオスタシス（恒常性）」があるため、「現状維持」を選ぶ傾向があります。**

その一方で、現状に対する不満から「変わりたい」「今の状態が続くのは嫌だ」という感情を持つこともあります。

たとえば、

・変わりたい……「今の会社、今の仕事には不満がある。このままこの会社で働き続けたくはない」
・変わりたくない……「けれど転職をして一から仕事を覚えたり、『ひとりビジネス』を始めたりするのは怖い」

「未知のリスクを避けたい」という安全思考がありながら、反面「もっと良くなりたい」という向上心を抱いて「変わること」で得られる可能性に惹《ひ》かれます。

人の感情は、「安定」と「変化」を行ったり来たりするものです。

「変わりたくない」「でも、変わりたい」という葛藤は、新しい挑戦を前にしたときに多くの人が感じます。

「変わる」「変わらない」より大事なことは?

新しいことに挑戦したほうがいいのか、挑戦しないほうがいいのか。

迷ったら、**「どちらが成長できるか」**という視点で判断するのも有効です。

「ひとりビジネス」でもっとも重要なのは、「変わらないこと」でも「変わること」でもなく、「成長すること」です。

変化は「成長」の大きな要因です。新しい状況に適応することで、人は新しいスキル、新しい知識、新しい視野を身につけることができます。

しかし、すべての変化が成長につながるわけではありません。環境の変化が大きすぎたり、変化する目的が明確でなかったり、自分の特性に合っていなければ、困難な状況に陥る可能性があります。

安定にも変化にもメリットとデメリットがあります。だとすれば、「成長」をキーワードにして、変化するかしないかを決めてみてはいかがでしょうか。

視点・視座を変えることで、あなたの人生はまったく別の物語に変化します。

売れる習慣 24

「より成長できる」選択をしよう。

心のブレーキを外す3つの方法

心のブレーキを解除するには？

クルマのアクセルとブレーキは、右足だけで操作することが一般的です。交互に踏み替えながら操作をします。

ブレーキを踏んだままではアクセルを踏み込むことはできないので、クルマを動かすには、ブレーキから足を離して（ブレーキを解除して）アクセルを踏み直すことが前提です。

「ひとりビジネス」も同様で、**心のブレーキを解除してからアクセルを踏み、実行の**

スピードを上げていかなければなりません。

「心のブレーキを外す」おすすめの方法は、この3つです。

【心のブレーキを外す3つの方法】

①「ゴールイメージ」をありありと描く
②「プロセス型」か、「ゴール型」かを理解する
③「3秒ルール」で動き出す

次から、順番に1つずつご紹介します。

売れる習慣 25

心のブレーキを解除して、アクセルを踏もう。

「ゴールイメージ」をありありと描く

ありありと具体的にイメージするほど、実現しやすい

心のブレーキを外す方法の1つ目は、**「『ゴールイメージ』をありありと描く」**です。

イメージとは、頭の中に浮かべた映像（絵）のことです。

イメージがないと、人はホメオスタシス（恒常性）の奴隷になってしまいます。

イメージすることで、実際にその状況を経験しているかのように脳が反応し、モチベーションや行動力が強化されます。

では、ゴールイメージは、たった1回描けば、それでOKでしょうか？


いえいえ、人間はすぐに忘れます。

ホメオスタシスが作用して、

「そんなこと無理だよ」

「そんなことしなくても、普通でいいじゃないか」

と、すぐに逆戻りします。


甲子園を目指す高校野球のチームを見てください。

高校1年生が野球部に入部してきたその日だけ、

「甲子園に出よう」

と夢を描くでしょうか？


そんなことはありません！

彼らは毎日毎日、来る日も来る日も、あの甲子園球場で、場内アナウンサーが自分の名前を呼ぶその瞬間を強くイメージしながら、朝な夕なの厳しい練習に励むのです。最近の夏の高校野球の優勝チームは、優勝した瞬間にどんなポーズを取るかをチームで決めて、練習後に全員でその決めポーズをやって、その日の練習を終えているそうです。

一体何が言いたいのかというと、**ゴールイメージは、何度も何度も繰り返し描く**必要がある。

暇さえあれば、ありありとメンタルスクリーンに映し出す必要がある。

それを伝えたいのです。

朝の歯磨きのとき、通勤電車の中、エレベーターの中、トイレの中、お風呂の湯船に浸かりながら……。

人生は、自分がもっとも強くイメージしている通りに動いていくものです。

「目標を達成した自分」

「『ひとりビジネス』で成功している自分」

など、なりたい姿を繰り返しイメージしてください。

ありありと実感を持ってワクワクイメージするほど、実現に向かいます。

脳はカンタンにだませる！

「Fake it till you make it.」という英語の慣用句を知っていますか？

「なりたい自分の姿があるなら、すでにその姿になったかのようにふるまう」という意味です。

「フリをしているとそうなる」ということです。

脳はカンタンにだませるのです。

「君はスターだ」と言われたらスターになるし、「君はたぶん犯罪者になる」と言われて育ったら犯罪者になってしまう。

歴代の総理大臣の多くが、おばあちゃんに「あんたは総理大臣になってしまうがね」

と言われて育っているそうです。「俺、総理か」と。そもそも一般人は「総理になる」と言われることがないですよね。

オリンピックの金メダル選手が、表彰台の中央に上がる練習をしたという有名な話もあります。

現時点では自信がなくても、自分が成功している姿を繰り返しイメージしたり、そのようにふるまったりすることで、実際の行動や習慣も変化していきます。

スマホの待ち受け画面を変える

ゴールイメージは頭の中で描くだけでなく、スマートフォンの待ち受け画面に設定するのもおすすめです。

「行きたい場所・目標としているシーン（場面）」

「将来的に手に入れたいもの」

「目標を達成したあとの自分の姿」

スマホの待ち受け画面をあなたの希望する人生のゴールイメージに合ったものに変えることで、潜在意識に働きかけ、それを引き寄せてしまうのです。

待ち受け画面を**「自分の最高の笑顔」**にするのもいいですよ。「すごくいい顔してるなぁ～」という、とびっきりのスマイルの写真にするのです。

ここでさらに、とっておきの方法を教えましょう。

待ち受け画面を**「両手に札束を持ってニッコリほほえんでいる自分の写真」**にするのです。

今、インターネットで1万円札と同じサイズのクリーム色の紙の束が売られています。しかも100枚の束になって帯が巻かれています。この紙束の一番上と下を本物の1万円札ではさむと、本物そっくりの札束ができあがります。

「札束はやりすぎですよ～」

と、思ったあなたは、お金に対するブロックがあります。

「笑顔はいいけど札束はダメ」というのは、札束に対しての拒否があるわけです。

年収3000万円を目指すなら、3000万円の札束を持ってほほえむ自分の写真を待ち受け画面にしちゃいましょう。片手でつかめる金額がちょうど1000万円ですよ！

人は1日に平均52回スマホを手にするそうです。

1年に1度、お正月や自分の誕生日に「なりたい自分」をイメージするよりも、毎日50回以上、ゴールイメージを脳にインプットするほうが、どれだけ早くゴールに近づくかは明白ですよね。

売れる習慣 26

「成功した自分」をありありとイメージしよう。

「プロセス型」か、「ゴール型」かを理解する

「プロセス型」は過程重視、「ゴール型」は結果重視

心のブレーキを外す方法の2つ目は、**『プロセス型』か、『ゴール型』かを理解する**」です。

人間の目標設定や動機づけのスタイルには、大きく次の2つがあります。
「プロセス型」と「ゴール型」です。

プロセス型の特徴

- 目標に向かうまでのプロセス（過程）に重点を置く
- 目標達成よりも、過程での学びや経験に喜びを感じる
- 目標に至る道筋が柔軟であり、変化に対応しやすい
- 「今」に目を向けている。

ゴール型の特徴

- 目標を達成すること（結果）に重点を置く
- 目標達成までのプロセスには重点を置かない
- ゴールを達成するために、逆算して行動計画を立てることが多い
- 「未来」に目を向けている

前述したように、人間の思考パターンや行動スタイルは、幼少期に形成されるビリーフに大きく影響されます（つまり、親や先生に影響されます）。

たとえば、0歳から15歳までの間に、「結果よりも努力や過程をほめられた経験が多い」とプロセス型に、「テストの点数がいいときや試合に勝ったときにほめられた経験が多い」とゴール型になります。

「ひとりビジネス」は自分と違うタイプの人と一緒にする

さて、あなたはどちらのタイプですか？　ちなみに私はプロセス型です。

2つのタイプは対照的なので、プロセス型はゴール型に、ゴール型はプロセス型に苦手意識を持つことがあります。

しかし、心のブレーキを外すためには、「自分はどちらのタイプに近いか」を理解し、**自分と違うタイプの人と会話のキャッチボールをする**ことが大事です。

ドッジボールではなく、キャッチボールです！

「自分にはない考え方を取り入れて、変化を起こす」

「子どものころから根付いている価値観を変える」

という点において、自分とは違うタイプの人の意見を聞く、あるいは、自分とは違うタイプの人とチームを組むことは有意義です。

また、自分に合ったアプローチだけでなく、他のタイプのアプローチを試す柔軟性が生まれ、「ひとりビジネス」の幅も広がります。

たとえば、「明確な目標設定のできるゴール型」と「柔軟なアプローチができるプロセス型」がチームを組むことで、変化する状況にも適応しつつ、目標達成の可能性をより高めることができます。

売れる習慣

27

自分と違うタイプの人と、会話のキャッチボールをしよう。

「3秒ルール」で動き出す

すぐに行動に移せる「魔法のフレーズ」とは？

心のブレーキを外す方法の3つ目は、**「『3秒ルール』で動き出す」**です。

行動を促すためのシンプルな心理テクニックの1つに「5秒ルール」があります。「ある行動を起こしたい」と感じた瞬間から、心のブレーキが作動するまでの猶予時間は「5秒」と言われています。

つまり、「やろう」「やりたい」と思ったら5秒以内に行動に移さないと、「行動しない言い訳」「やらない理由」を見つけ始めてしまうのです。

そこで何かを始めるときは、「5、4、3、2、1」とカウントダウンし、5秒以内に行動に移す。これが「5秒ルール」です。

しかし私は、多くの受講生さんたちを指導した結果、

「5秒でも遅い」

と考えています。

確実に行動に移したいのなら、**時間の猶予は「3秒」**です。

「3秒ルール」で、動き始めましょう！

「やろう」「やりたい」と思ったら、「3、2、1」とカウントダウンする代わりに、

「よーいドン！」

と自分に声をかけましょう。

「ドン！」のタイミングで動き出せば、「行動しない言い訳」「やらない理由」を考える前に行動できます。

私たちは子どものころから「かけっこ」などで、この言葉を合図にしてカラダを動

かしてきた経験が身についています。
トリガーとして、もってこいの魔法のフレーズなのです！

売れる習慣 28

「よーいドン！」で動き出そう。

心のブレーキを外せば、「ひとりビジネス」は勝手に成長する

さまざまな方法を組み合わせて、変化を楽しめる自分になる

前述した、

①「ゴールイメージ」をありありと描く
②「プロセス型」か、「ゴール型」かを理解する
③「3秒ルール」で動き出す

という方法以外にも、ホメオスタシスの呪縛から逃れ、心のブレーキを解除する方法があります。

環境を変える

転職や引っ越しなどの「環境の変化」は、人の心も変化させます。

これまでの行動習慣が変わることで、新しい挑戦への意欲が高まったり、恐怖心の克服につながったりするのです。

環境が変わると、それまでのルーティンがリセットされます。「新しい自分」として再スタートする気持ちが生まれるため、新しい行動や思考を取り入れやすくなります。

新しい場所や新しい人との出会いが、「チャレンジする力」を引き出します。

筋トレをする

筋力トレーニングは、筋肉の強化だけでなく、脳内の神経ネットワークにも大きな影響を与えます。

筋トレを行うと、アドレナリン、ドーパミン、セロトニンなどの脳内ホルモンが分泌され、集中力を高めたり、気持ちを前向きにしたりしてくれます。

また、体力や筋力が向上するにしたがい、「自己効力感」を高めることができます。

自己効力感とは、「自分ならできる」「きっとうまくいく」という感覚のことです。**自分で自分のことを信頼できるようになれば、「挑戦」に対する恐怖や不安が軽くなる**ので、心のブレーキが外れる一因となります。

作品をつくる（クリエイティブな活動をする）

詩、小説、俳句、絵画、音楽、料理、ショートムービーなど、**自分の手で「作品」をつくってみる**と（クリエイティブな活動をしてみると）、心のブレーキが解除しやすくなります。

クリエイティブな活動をすることで、

「新しい視点やアイデアを生み出す機会になる」

「固定観念や自己制限を超えて考えることができる」

「右脳が刺激され、感覚的、直感的な思考が活性化する」

「自己肯定感が高まる」

と考えられています。自己肯定感とは、自分自身の存在を肯定する力のことです。

自己肯定感が高くなると、「ありのままの自分」を受け入れられるため、「ひとりビジネス」が失敗したとしても、

「次に活《い》かせばいい」

「次回も頑張ろう」

と心のアクセルを踏むことができます。

ひとりの静かな時間を持つ

「ひとりビジネス」では、「ひとりの時間」が大事です。

みんなでわいわい騒ぎたいのが現代人ですが、あえて**ひとりだけの静かな時間を持つ。**

1日2回、「朝3分、就寝前3分」でいいので、心穏やかにゆっくり深く呼吸をしながら、

「自分が進んでいる方向は正しいか」

「自分のやり方は間違っていないか」

「被害者意識にさいなまれていないか。責任を他者に転嫁していないか」

「謙虚さ、素直さ、感謝の気持ちを忘れていないか」

など、自分自身の考え、心の状態、行動について省《かえり》みてください。

「自分がどのようなパターンで思考しているのか」

「どんな場面で、どのような感情を抱くのか」

を客観的に観察できるようになります。

自己理解が進むことで、自己否定的な考えや過度な不安など、心のブレーキが外れやすくなります。

売れる習慣
29

さまざまな方法を組み合わせて、心のブレーキを外そう。

安心・安全でないと、「ひとりビジネス」は進まない！

「安心・安全」「ラクで楽しい」が心のブレーキを外す

ここまでホメオスタシスを打ち破り、心のブレーキを解除するさまざまな方法をご紹介しましたが、大前提として、とても大切なことがあります。

1つ目は**「安心・安全」**。

2つ目は**「ラクで楽しい」**。

宇宙飛行士は、なぜ宇宙に行こうとすると思いますか？

それは、「怖くないから」です。

一般の人は、宇宙は真っ暗で、真空で、怖い場所なんじゃないか？　と思うものですが、宇宙飛行士にとって、宇宙は怖くない。

宇宙飛行士にとっては、宇宙は「安心・安全」というイメージなのです。

「安心・安全だ」という思いがないと、怖くてなかなか前に進めないものです。

「ひとりビジネス」も、ギャンブルじゃない、安心・安全で怖くない。

すごくラクちんで、楽しいよ！　とわかっていればやれるのです。

自動車教習所のカリキュラムがお手本

自動車教習所に通って運転のしかたを習うときは、

- 教習指導員が隣に乗って説明をしたり、手本を見せたりしてくれる

⬅

- 教習生が教習車に乗る

・時間をかけて少しずつレベルアップしていく

⬅

といったプロセスで、段階的に技能を身につけていきますよね。いきなり路上に出てアクセル全開にせよと指導する教官はいません。

「ひとりビジネス」も同じです。自動車教習所のカリキュラムをお手本にすれば、「安心・安全」に前に進むことができます。

【「ひとりビジネス」を安心・安全に進めるポイント】

①モデリングをする
②ゆるやかに始める
③ベビーステップから始める

①モデリングをする

「モデリング」とは、仕事のしかたや考え方、行動パターンをマネすることです。

「ひとりビジネス」で結果を出している**ロールモデル（自分が目標としている地点に**

すでに到達している人物）の考え方や行動パターンを取り入れます。

すると、

「試行錯誤の時間を節約できる」

「結果が出ている方法を使うことで、成功確率が高くなる」

「自分も同じように成功できるという自信が得られる」

といったメリットが期待できます。

たとえば、身近にいる「ひとりビジネス」の成功者から話を聞いてみたり、運営を手伝う（ボランティア・スタッフになる）ことで仕事のしかたを実地で学んだりするといいでしょう。

モデリングをするときは、ひとりだけではなく、複数のロールモデルからアドバイスをもらうようにします。理想は「8人」（男性4人、女性4人）です。

同じようなバックグラウンドを持つロールモデルだけからだと、学びが限られてしまいます。

8人をモデリングする！

	自分の名前 （　　　　　）	

「9マスメモ」にあなたがモデリングする人の
名前を書き込んでみましょう。
男性4人、女性4人、
年齢もバラバラにするのがコツです。
同世代の同性だけになりがちなので注意しましょう！

さまざまな視点や経験から学ぶためには、性別、年齢、経験の違いを考慮して、ロールモデルが偏らないようにしましょう。

②ゆるやかに始める

会社に勤めている人が、「よし、『ひとりビジネス』を始めよう！」と意気込み、いきなり会社を辞めるのはハイリスクです。すぐに売上が立つ保証はないからです。

会社を辞めて給料がゼロになると、「お金を稼がなくては！」という切迫感に駆られ、心の余裕がなくなります。

心に余裕がないと、

「焦りや不安から短期的な視点で判断をしやすい」
「ストレスが蓄積しやすく、健康やメンタルに悪影響を及ぼす」
「視野が狭くなり、アイデアや解決策が生まれない」

といったリスクにさらされます。

精神的にも経済的にも余裕を失わないために、

「まずは副業として『ひとりビジネス』を手がけ、手応えを得てから独立する」

会社を辞めずに、ゆるやかに始める！

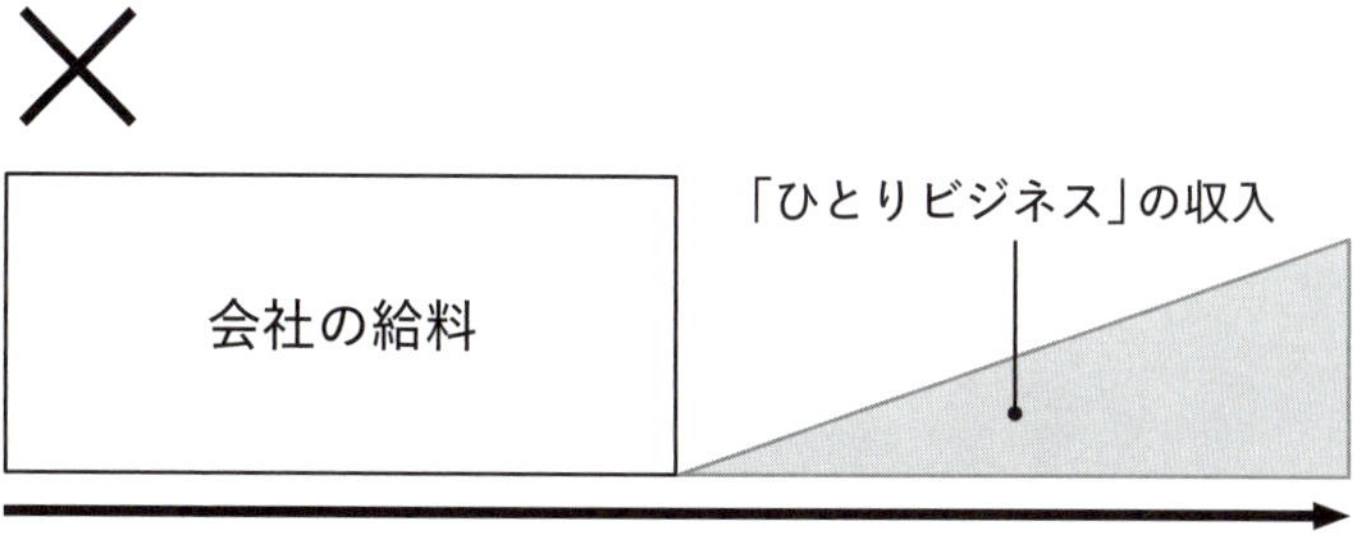

いきなり会社を辞めて、
「ひとりビジネス」を始めるのはリスクが高い！

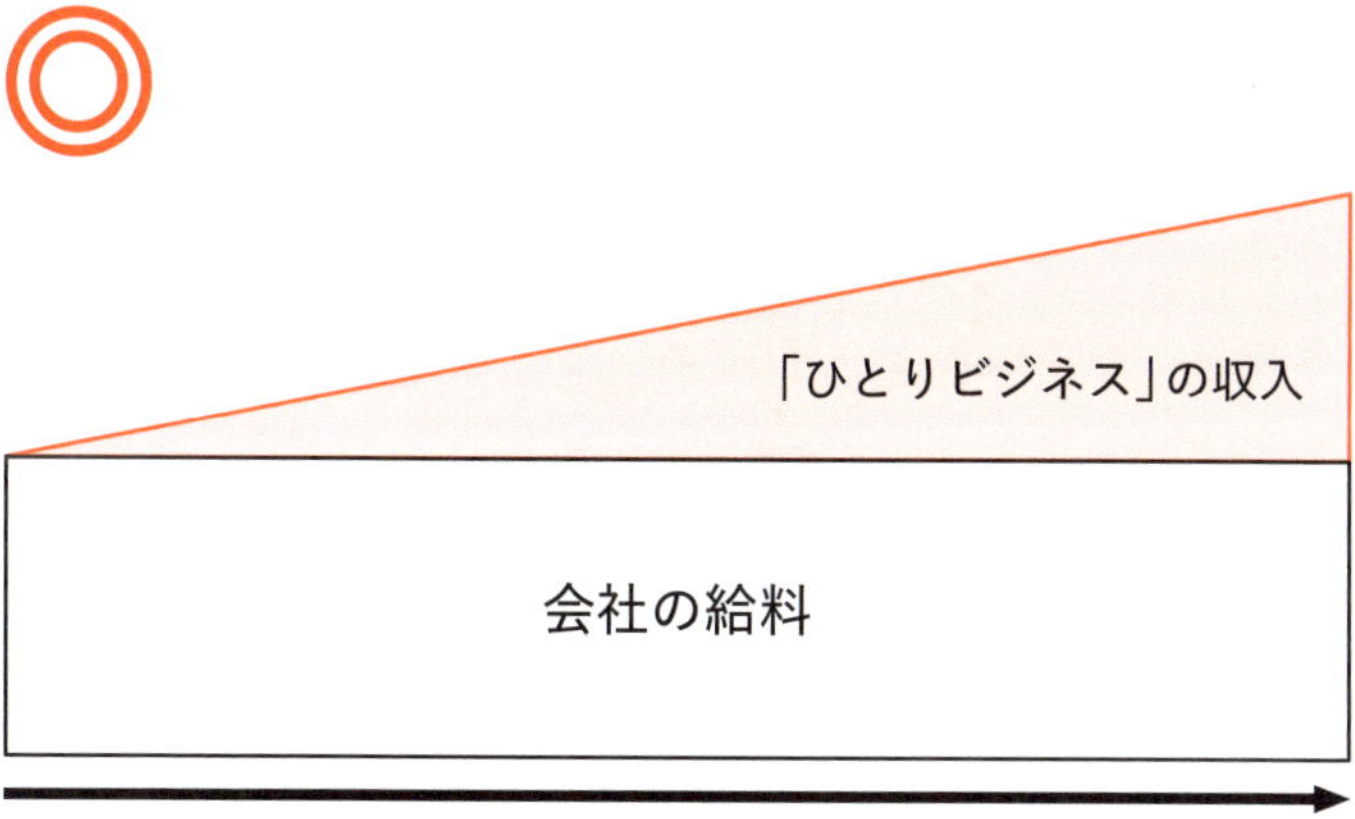

会社を辞めずに、ゆるやかに
「ひとりビジネス」を始めるのがおすすめ！

これも、1つの方法です。

③ベビーステップから始める

「ベビーステップ」とは、「大きな目標を達成するために、最初に踏み出す小さな一歩」を意味します。

赤ちゃんが歩き始めるとき、いきなり遠くまで歩くことはできません。しかし、少しずつステップを重ねることで、最終的には遠くまで歩けるようになります。

「ひとりビジネス」も、最初から大きな変化を求めると、挫折しがちです。

まず小さな変化を起こして定着させ、徐々にその変化を大きくしていきましょう。

売れる習慣 30

少しずつ、安心・安全に「ひとりビジネス」を始めよう。

第4章

心の「バッド習慣」を断ち切る

「ひとりビジネス」を停滞させる8つのバッド習慣とは?

「心のブレーキ」が繰り返されると、バッド習慣がはびこる

「心のバッド習慣」とは、心のブレーキのせいで身についてしまっている悪い習慣のことです。

心のブレーキがかかり続けると、バッド習慣がはびこってしまうのです。

たとえば、Aさんには、「人さまに迷惑をかけてはいけない」というビリーフがあり、人に依頼したり、助けを求めたりすることへの心のブロックがありました。

Aさんは、「人に迷惑をかけると、嫌われてしまうのではないか」と考えるようになり、「嫌われたくない」という恐れの感情が心のブレーキとなって、「人に何かを頼んだりするのはやめよう」と、行動に制限をかけるようになったのです。

「誰かに嫌われるなら、やらないほうがいい」

そう考え続けたAさんには、やがて、「人に頼まず、すべてひとりでやる」というバッド習慣が身につきました。

Aさんは「ひとりビジネス」をするときでも、何もかもひとりでやろうとするため、時間的な余裕がなくなり、結果として、仕事の質まで低下してしまったのです。

ブロックがブレーキの原因となり、心のブレーキが繰り返されると、その状態が習慣化し、悪い行動パターンが固定化することがあります。

「ひとりビジネス」の妨げとなる代表的なバッド習慣は、次の8つです。

バッド習慣を「良い習慣」＝「売れる習慣」へ変えていきましょう！

売れる習慣

31

バッド習慣を断ち切ろう。

【「ひとりビジネス」の妨げとなる8つのバッド習慣】

①先延ばしする
②「時間割」がない（書き出していない）
③成功する自分を許さない
④ひとりでやろうとする
⑤甘いものやジャンクフードがやめられない
⑥ゲームやギャンブルやSNSなどに依存する
⑦カラダを動かさない
⑧ネガティブな言葉ばかり口にする

バッド習慣①
先延ばしする

あしたやろうはバカヤロウ

「締め切りまで余裕があるから、まだ始めなくても大丈夫」

と先延ばしした結果、

「締め切りまで時間があったのに、結局ギリギリになってしまった」

という経験をしたことはありませんか？

人には、**「与えられた時間をすべて使い果たそうとする特性」**があります。

◉パーキンソンの第1法則……仕事の量は、完成のために与えられた時間をすべて満たすまで膨張する

本当は1日で終わる仕事であっても、「締め切りは3日後です」と言われると、「まだ取りかからなくても間に合うだろう」と先延ばししたり、ダラダラと作業をしたりして、結局、3日間かけてしまうのです。

私は、脳外科医で医学博士だった父から、
「脳は隙間を嫌う。隙間が生まれると、脳は『何か』で埋めようとする」
と教えてもらいました。

暇な時間ができると、脳は「何か」を考え始めて隙間を埋めるというのです。

では、脳は隙間を「何で」埋めると思いますか？

暇な時間があると、脳は「何を」考え始めると思いますか？

答えは、「心配ごと」です。

暇な時間があると、脳は「心配ごと」を探し始めるのです。

では、どうして「心配ごと」で隙間（思考の空白）を埋めようとするのか？

それは、「命を守るため」です。

人間の脳は、進化の過程で、危険や脅威に備えるようになりました。思考の空白が生じると、脳は潜在的なリスクを探し出します。

「あんなことがあったら、どうしよう？」

「こんなことがあったら、どうしよう？」

心配ごとで隙間を埋めるのは、危険に備えるため、自己防衛のためなのです。

私たちが物事を先延ばしするのも、ダラダラ作業をするのも、突き詰めると、命を守るためです。

不確実なこと、リスクが高いこと、失敗する確率が高いことにチャレンジするより、「できるだけ先延ばしにする」

「いつまでもダラダラと寝ている」

「余計なことはしない」

そのほうが、命の危険にさらされる可能性は低くなります。

先延ばししたり、ダラダラ時間を浪費したりするのは、本能的には正しい。

しかし、ホメオスタシス（恒常性）の奴隷になっていては、「ひとりビジネス」を成功させることはできません。


「あしたやろうはバカヤロウ」

日本の女子レスリングは、このスローガンで金メダルを量産し続けています。

先延ばしグセを克服して、「すぐやる習慣」に変えていくことは、「ひとりビジネス」においても成功を加速させるコツです。

たとえば、
- 「でも……」「そうはいっても……」と考えすぎる前に、「3秒ルール」でとりあえずやってみる（前述した「よーいドン！」を実践する）

・「3分以内で終わること」はとっととやる（例：メールを読んだらすぐに返信するなど）
・人の手を借りる

ビビッと感じて、サクッと行動！

忙しい日が続くと、つい理由をつけて、行動しないことが多くなります。
しかし、思いついたこと、感じたことをすぐに行動に移してみると、どんどんいい結果が出てきます。

ビビッと感じて、サクッと行動！（ビビサク）
直感でビビッと感じたら、サクッと行動できる人だけが、ハッピーになっていきます。

「そうだ！　○○さんに電話してみよう」

こんな思いが脳裏をよぎったときは、自分の直感を信じて、すぐに電話してみましょう。

普段はなかなかつかまらない相手が、こういうときに限って電話に出てくれて、そこから思いがけないチャンスに発展していくことはよくあります。

「時間がないから」「面倒くさいから」などと、つい理由をつけて先延ばしすると、チャンスが逃げてしまいます。

ご縁は「生《なま》モノ」だからです。

ビビサク習慣こそ、「ひとりビジネス」の成功を加速させるアクセルです。

思いついたこと、感じたことを、すぐに行動に移しましょう。

行動すれば、次の夢舞台があなたを待っています。

売れる習慣 32

「ビビサク人間」に変身しよう。

バッド習慣②

「時間割」がない（書き出していない）

「ひとりビジネス」の「時間割」をつくる

私たちが小・中・高12年間も、なぜしっかり学校へ行けたのか？

なぜ幼少期から勉強することができたのか？

それはズバリ、「時間割」があったからです。

「明日することとは、明日になったら決める」では、学習を習慣にはできなかったでしょう。

枠を決めることで「この時間内に完結させよう」と、限られた時間で集中して取り組むことができます。

「ひとりビジネス」でも時間割をつくったほうがいいのです。

時間割がデスクの前にある人は「ひとりビジネス」も順調なはずです。

自分にとって月曜は何をする曜日なのか、火曜は何をする曜日なのか。

大切なのは、**ざっくりでいいから「その曜日にすること」を書き出す**ことです。

どの曜日に何をする？

時間割は「月曜始まり」にするのがコツです。

「土日」をまとまったブロックとして考えて、「月曜から金曜までしっかりやるぜ！」と決めます。

私が推奨しているのは、**週の真ん中・水曜日を休みにする**ことです。週の真ん中を休みにすると、週の前半と後半だけ集中すればいいとなります。

私は、水曜日を完全休業日にしてから、1週間の充実度が爆上がりしました。

月曜日始まりの時間割をつくる！

	月曜	火曜	水曜	木曜	金曜	土曜	日曜
午前	デスクワーク（経理）	デスクワーク（動画）	休み（筋トレ）	デスクワーク	セミナーの準備	セミナー（なければ休み）	休み
午後	打合せ&メルマガ配信	打合せ&LINE配信	休み	打合せ&SNS	セミナーの準備	セミナー（なければ休み）	休み

＊週の真ん中を休みにするのがおすすめです。
＊時間割は、学生時代のように目につくところに貼っておく。

水曜日は、筋トレの日と決めて、運動しています。

人によって、どの曜日に何をするか、どの曜日を休みにするかは自由です。

たとえば、月曜日は部屋のそうじの日、火曜日はメルマガを書く日、水曜日は休み（運動する日）、木曜日は打合せの日、金曜日はセミナーの準備の日、土日はセミナーや講座、イベントがないときは休み、など。

時間は、自分自身のために使う「自分時間」と、他人のために使う「他人時間」に分けることができます。

時間割がないと、他人にどんどん時間を奪われていってしまいます。時間割をつくって、「ひとりビジネス」のための時間（＝自分時間）を確保しましょう。

売れる習慣
33

「時間割」を書き出して、1週間の充実度を上げよう。

バッド習慣③
成功する自分を許さない

自分で自分に「○（マル）」をあげる

「成功する自分を許さない」とは、言い換えると、「自分で自分に○（マル）をあげられない」ことです。

自分の欠点や失敗に焦点を当て、「あれもダメ」「これもマダマダ」と自分で自分に「×（バツ）」をつけてしまうのです。

人は誰でも心の中に、「承認の壺《つぼ》」を持っています。

この壺の中に○（マル）が入れば入るほど、自己充足感（自分自身の満足感や達成感）が増します。

「自分で自分に○（マル）をあげられる人」は、外部から○（マル）をもらう必要がないため、自分の評価軸で「ひとりビジネス」を展開できます。

しかし、「自分で自分に○（マル）をあげられない人」は、他人からの評価を重視してしまいます。

他人からの評価がなければ自己充足感を得られないため、

「人の言いなりになる人生」

「人にほめられるために自分の時間を犠牲にする人生」

といった他人軸の人生に陥りがちです。

「自分ホメホメ習慣」を持とう！

自分に○（マル）をあげるためには、**「ホメホメ日記」**がおすすめです。

毎日「承認の壺」に○（マル）が入るため、自己充足感を高め続けられます。

2月1日
「今日もよく頑張った！　自分の提案したサービスが見事に受け入れられた。お客様の評判も上々。この調子で、もっと良い成果を上げていこう！」
2月2日
「今日、新しいマーケティング戦略を試す決断をした。リスクを取って新しい方法に挑戦する勇気を持てた自分に拍手！」

短くてかまわないので、まずは21日間、続けてみてください。自分ホメホメ習慣が定着してくるはずです。

仲間とFacebookグループをつくって「ホメホメ投稿」をするのもいいですよ！

売れる習慣
34

自分に○（マル）をあげよう。

バッド習慣④
ひとりでやろうとする

「ひとりビジネス」は、ひとりでやらないビジネス

「『ひとりビジネス』なのに、なぜ『ひとりでやろうとする』のがバッド習慣なの？」と疑問に思われるかもしれません。

「ひとりビジネス」は、自分ひとりで立ち上げ可能なビジネスですが、決して「ひとりぼっちでやるビジネス」ではありません！

むしろ、その逆。

「ひとりビジネス」だからこそ、「チームの発想を持つこと」が重要です。

チームの発想がなく、「ひとりでやろうとする」と、仕事を受ければ受けるほど多忙になり、疲れ切ってしまいます。

タスク処理に時間がかかり、マンパワー（人手）が足りないため、ビジネスを広げる機会も逃してしまいがちです。

すべての分野で専門的な知識やスキルを持つことはできないため、品質が落ちる。他者からのフィードバックが得られないため、改善・成長の機会を失う。

そんなデメリットもあります。

一方、チームでビジネスを展開すれば、**「自分の苦手な分野をお互いに補完し合う」**ことが可能です。チームを組めば、自分もメンバーも「得意なこと」に集中できるため、各自が１００％の力を発揮できます。

さわやかなズーズーしさ

多くの偉大な事業家も、本人ひとりだけの力でビジネスを成し遂げたのかといったら、そんなことはありません。彼らは必ず周囲の誰かに助けられています。

「ひとりビジネス」で成功する人とそうでない人の違いは、

「周囲からの協力を得る」

というご縁があったかどうかにあると言ってもいいでしょう。

「お願いするのが苦手な人」にぜひ、覚えてほしいキーワードがあります。

「さわやかなズーズーしさ（さわズー）」です。

「○○してください」といった頼みごとを、ためらわずに「笑顔で、さわやかに」伝えるのです。

「一緒にやりたいんです！　どうか手伝わせてください！」

「どうか、助けてください！」

「ぜひ、教えてください！」

別名「笑顔のゴリ押し」とも言います。

さわズーのポイントは、次のとおりです。

- 笑顔
- 語尾を上げる
×「お願いできますか（→）」
○「お願いできますか（↗）」
- 身振り手振りのジェスチャーを交える
- 自信を持って、語尾まではっきり伝える
- まわりくどい言い方はしない

人は誰かを助けたい生き物。
お願いされたほうも、実は嬉《うれ》しいのです。
さわやかにズーズーしく、**自分応援団**を引き寄せていきましょう。

ユカイな仲間とワクワクつながる

「ひとりビジネス」のチームとは、**「プロジェクトベースで、ゆるくつながった、5〜8人程度の小さな集団」**です。

会社組織との決定的な違いは、「殿様と家来といった上下関係がないこと」。チームを共同経営するわけでもありません。

プロジェクトごとに複数のチームが存在することも、メンバーが入れ替わることもあります。バイブス（気）の合わない人と無理につきあう必要もありません。

たとえば、自分の商品をリリースするにあたって、プロダクトローンチ（商品の販売前に見込み客を集める手法）をする場合、チームメンバーはこんなふうに考えます。

- 自分……コンテンツホルダー／商品を提供する
- Aさん……ライター／ランディングページ（ウェブ上のチラシ）の文章を書く

自分のチームをつくろう！

あなたのチーム

	チーム （　　　　　）	

（例）田中健一さんのチーム

動画編集 Fさん	経理 Cさん	カスタマー サポート Gさん
デザイナー Bさん	チーム健一	プロデューサー Dさん
ディレクター Eさん	ライター Aさん	

「9マスメモ」にあなたのチームに入る人の名前を書き込んでみましょう。
すべてのマスが埋まらなくても大丈夫です。
「このマスに誰を入れようかな？」と気になるからです。
人は、ワクがあると、それを埋めようとする心理が働き出すのです。

・Bさん……デザイナー／ランディングページのデザインをする
・Cさん……経理／経理全般を担当する
・Dさん……プロデューサー／全体の流れや方向性を考え、指示を出す
・Eさん……ディレクター／現場で実制作のアドバイスをする
・Fさん……動画編集／動画の撮影と編集をする
・Gさん……カスタマーサポート／お客様からの相談、問い合わせに対応する

自分にない視点、知識、技術、経験を持つ人とチームを組み、補い合うことで「ひとりビジネス」は加速します。応援し合えるユカイな仲間を探しましょう。

売れる習慣
35

「さわやかにズーズーしく」お願いしよう。

バッド習慣⑤

甘いものやジャンクフードがやめられない

大和魂を支える「米」「魚」「野菜」を食べる

「良い人」と書いて「食」。まさに食は命です。

「ひとりビジネス」で成果を上げようと思ったら、やはり食事は大切です。

「忙しいからカップラーメンでいいや」ではダメです！

ちゃんとお米を食べる。お米を食べて炭水化物をとらないと、糖分を別のもので補おうとして、甘いものやジャンクフードがやめられなくなってしまいます。

コンビニなどで売っているチョコレート。パッケージの裏を見てみてください。原材料名の先頭に「カカオマス」ではなくて「砂糖」と書いてありませんか？原材料は多く含まれるものから表示されているわけなので、つまり、砂糖を大量に食べているんですよね。

甘いものやジャンクフードばかりひたすら食べていると、「栄養不足」「糖尿病や心臓病のリスク」「気分の不安定さやイライラ感」「過食や食事バランスの崩れ」などの原因になりかねません。

私は、**古来より日本人を支えてきた「大和魂《やまとだましい》」という概念が、「ひとりビジネス」を成功に導く**と考えています。

大和魂は、「知恵」「慈愛」「勇気」の3つの要素からできています。

知恵は、正しい判断を下す力や、柔軟に対応する力のこと。

慈愛は、他者に対して思いやりを持つこと。

勇気は、困難に立ち向かう心の強さのこと。

その大和魂を支えてきたのが「食」です。

大和魂は、日本の伝統的な食材「米」「魚」「野菜」によって育まれてきました。

米は日本人の主食です。米の収穫過程で培われた規律や努力は、大和魂を形作る一因です。

魚は、良質なタンパク質やオメガ3脂肪酸を含み、脳の発達や知的活動に大きく貢献しています。

野菜には豊富なビタミンやミネラルが含まれており、健康的なカラダを維持するのに欠かせません。野菜中心の食事は心の落ち着きをもたらし、「慈愛」や「勇気」の精神を支えています。

日本人の伝統的な食事スタイルに立ち返って、心身の健康を維持しましょう。

健康でなければ、「ひとりビジネス」を成長させることはできないのです。

売れる習慣
36
日本の伝統的な食材「米」「魚」「野菜」を食べよう。

バッド習慣⑥

ゲームやギャンブル、SNSに依存する

やればやるほど、「ひとりビジネス」が楽しくなるコツ

ゲームやギャンブル、SNSへの依存（やりすぎ）が「ひとりビジネス」に与える悪影響は多岐にわたります。

時間を浪費し、仕事や生活の質や効率が低下する。依存が進むと借金や破産に陥る……など。

やめられない自分自身に対する自己嫌悪も生まれてしまいます。

「時間制限を設ける」（ポモドーロ・テクニック※①はおすすめですよ）
「仕事の最中はスマホを遠ざける」
「時間割を作成し、計画通りに行動する」
など、**ルールを設定して、ゲーム、ギャンブル、SNSのやりすぎに歯止めをかけましょう。**

ゲーム、ギャンブル、SNSに夢中になっているとき、人間の脳内では「ドーパミン」が放出されています。ドーパミンは快楽物質と呼ばれ、この物質が脳内に分泌されると、快楽や喜びを感じるようになります。

実は、**ドーパミンは「仕事に熱中しているとき」にも放出されます。**目標達成や成功体験が繰り返されることでドーパミンが分泌されるのです。

ドーパミンにはモチベーションを高める役割があるため、
「挑戦する➡成功する➡達成感を覚える」
「挑戦する➡失敗する➡失敗を乗り越える➡自信がつく」

といった経験を繰り返すことで、「ひとりビジネス=楽しい」という感情が強化されます。

ゲームよりもギャンブルよりもSNSよりも楽しいもの、それが「ひとりビジネス」なのです。

売れる習慣

37

ゲームやギャンブル、SNSより、「ひとりビジネス」という名のゲームに夢中になろう。

※①「ポモドーロ・テクニック」は、集中力を高める時間管理法。「25分作業+5分休憩」を繰り返し、「4サイクル」ごとに長い休憩を取ることで、効率よくタスクを進められる。「ポモドーロ」はイタリア語で「トマト」を意味する。1980年代、フランチェスコ・シリロ氏がトマト型キッチンタイマーを使ってこのテクニックを考案したことに由来する。

バッド習慣⑦ カラダを動かさない

運動が「運」を動かす

「アウトドアよりもインドア派」

「休みの日は家にいたい」

と言いながら、パチンコ店には通うし、居酒屋にも行く人がいます。

この人が、カラダを動かすことよりパチンコやお酒を優先するのは、パチンコをしているとき、お酒を飲んでいるときのほうが、カラダを動かすよりも楽しいからです。

前述したように、楽しいことをしているとき、人間の脳にはドーパミンが放出されます。ドーパミンが放出されて快感を覚えると、脳がそれを学習し、再びその行為をしたくなるのです。

ということは、脳に「カラダを動かすことは楽しい」と学習させることができれば、運動習慣が身につくはずです。

たとえば、**運動習慣を身につけるアイデア**に次のようなことがあります。

- 「エレベーターの代わりに階段を使う」「通勤時にひと駅歩く」など、日常生活に組み込める、苦にならないカンタンな運動をする
- 友人と一緒にスポーツを楽しんだり、SNSで成果を共有したりする。他人との交流が楽しさを増し、やる気を高める
- 「週に1度だけ運動する」「毎日、10分間だけウォーキングをする」など、達成可能な小さな目標を設定する。達成感を覚えることで、ドーパミンの分泌が促される
- 好きな音楽を聴きながら運動する。モチベーションが高まり、「楽しい」と感じやすくなる
- 運動後に自分へのちょっとした「ごほうび」を設定する。脳はごほうびを楽しみに

運動を行うようになる

運動不足は「生活習慣病」「精神的ストレス」「集中力の低下」などの原因となります。運動習慣が身につけば、仕事中のパフォーマンスや仕事へのモチベーションが向上して、「ひとりビジネス」の成果も上がりやすくなります。

「運動」という文字を、今一度よ～く見てみてください。

「運」を「動」かすと書きますよね。

身体を動かすのだから「身動」や「体動」でのいいのではないですか？

そこを「運動」と呼ぶのは、**身体を動かすことで、文字通り「運」を呼び込むことになるの**だという真理が隠されているからなのです。

売れる習慣 38

運動することの楽しさ&ユカイさを、脳に覚えさせよう。

バッド習慣⑧

ネガティブな言葉ばかり口にする

ポジティブな言葉が、ポジティブな出来事を連れてくる

「人の不幸は蜜の味」とばかりに、人の悪口や噂話《うわさ》で盛り上がる人がいます。

「あいつ、最低なクズだよな」

「○○さんと○○さん、不倫してるらしいよ」

「あの会社、ヤバいよね。社員もバカばっかり」

その一瞬は場が盛り上がります。

だから、あたかもいい人間関係が築けているかのように錯覚します。

しかし、ネガティブな言葉を使う人の周りからは、そっと人が離れていきます。しばらくすると潮が引いたように、誰もいなくなるのです。

自分自身がネガティブになるばかりか、人も寄って来なくなってしまうのです。

ネガティブな言葉を減らすには、121ページで紹介した**「リフレーミング」によって、「ネガティブ⬇ポジティブ」に思考を変換すること。**

そして、変換した**「ポジティブなフレーズ」を繰り返し口に出すこと**です。

ポジティブな言葉が、いい現象と共鳴していきます。

「嬉しいね」「楽しいね」「ありがたいね」

どんな小さなことにもこうした言葉を口にしていると、嬉しいことや楽しいことやありがたいことが、どんどん起こってきます。

朝起きてすぐに「ニュース」を見ない

朝起きて、すぐにテレビをつける人、本当に多いですよね。

戦争、殺人事件、芸能人のスキャンダル、政治家の不祥事、株価の大暴落……。
テレビも新聞も、私たちの心をザワつかせる情報をこれでもかと送ってきます。

特に1日のスタートの時間帯に見た映像は、潜在意識にダイレクトに取り込まれ、その日1日の気分を左右します。

朝からネガティブな情報をいっぱい取り入れていたら、イイ気分で1日をスタートできるわけがありません。

朝起きてすぐに、テレビはつけない。新聞は読まない。SNSは見ない。

ネガティブな話題に触れる頻度を減らすことで、なぜか「ひとりビジネス」がうまくいくのです。

売れる習慣
39

ネガティブな話題から距離を置こう。

「明・軽・温」が、「ひとりビジネス」を成功に近づける

「失敗体質」と「成功体質」の違いとは？

「ひとりビジネス」において、良い習慣を持つ「成功体質」の人と、バッド習慣を持つ「失敗体質」の人。

実は、そこには大きな違いがあります。

それは、ズバリ**「波動」**です。

生命体も、物体も、場所も、この世に存在するありとあらゆるものには波動（バイブレーション）があります。

たとえば、どんなにイライラしていても、ハワイに行くとフワッと心がなごみます。
それは、ハワイという土地の持つ波動がとてもいいからなのです。
同じように、人にも波動があります。
成功体質の人は「いい波動」、失敗体質の人は「悪い波動」を出しているのです。
では、「いい波動」と「悪い波動」は、どうやって見分ければいいのでしょうか？
「明るい・軽い・温かい」感じがしたら、いい波動。
「暗い・重い・冷たい」感じがしたら、悪い波動。
単純ですが、このイメージで見分けられます。

【波動の違い】

- 成功体質……いい波動「明・軽・温」
- 失敗体質……悪い波動「暗・重・冷」

「いい波動」を出そう！

成功体質（いい波動）　　**失敗体質（悪い波動）**

「いい波動」の人には、「いい波動」の人や出来事が集まるから、「ひとりビジネス」も成功する！

波動の違い①

- **成功体質……明るい**
- **失敗体質……暗い**

成功体質の人は、明るい波動を出しています。ポジティブな印象を与え、周りに人が集まってきます。

それに対して、失敗体質の人は、なんだか暗い。コミュニケーションが消極的だったり、ネガティブな印象を与えたりすることが多く、周囲との関係がギクシャクしがちです。

「暗い⬇明るい」に体質改善する1つの方法は、**「自分から先に挨拶をする」**です。

「挨拶」には、「心を開いて相手に迫る」という意味があります。

先に挨拶をすることで（自分から相手に近づいていくことで）、

「他人に対してポジティブな態度を取れるようになる」

「他人と積極的に関わる姿勢が身につく」

そうして、「明るい波動」へと変わることができます。

波動の違い②

- **成功体質……軽い**
- **失敗体質……重い**

成功体質の人は、軽やかな波動を出しています。物事に柔軟に対応し、フットワークも軽く、タイムリーに行動を起こすことが可能です。たとえミスしても重く考えず、学びの機会と受け止めて、前に進むエネルギーに変えることができます。

それに対して、失敗体質の人は、なんだか重い。決断を下す際もズンと迷いやすく、新しい挑戦や変化を恐れ、行動に移るのが遅れることがあります。

「重い⬇軽い」に体質改善する1つの方法は、**「ジェスチャー（身振り、手振り）を大きくする」**です。

会話にジェスチャーを加えると、自分の意思を伝えやすくなるだけでなく、

「テンションが上がる」
「感情の表現が豊かになる」
「ポジティブなエネルギーを伝えることができる」

そうして、「軽い波動」へ変えることができます。行動力も高まるでしょう。

波動の違い③

- **成功体質……温かい**
- **失敗体質……冷たい**

成功体質の人は、温かい波動を出しています。そのため、他者とのコミュニケーションを円滑に進めることができます。お客様やチームメンバーと良好な関係を築きやすく、リピーターの獲得や長期的なビジネス関係を維持につながります。

それに対して、失敗体質の人は、なんだか冷たい。効率的に仕事を進めることはあるかもしれませんが、お客様やチームメンバーとの信頼関係が希薄になりがちです。

「冷たい⬇温かい」に体質改善する1つの方法は、**「笑顔を絶やさない」**です。

笑顔は、効果的なコミュニケーションツールです。無感情、もしくは感情表現が薄いと「冷たい」感じを与えるため、意識して笑顔をつくるようにしましょう。

笑顔は親しみやすさを感じさせ、温かい波動を生みます。笑顔を見せることで、心の距離が縮まるのです。

「いい波動」で成功体質に変わる

波動には、次の2つの特徴があります。

①波動の似たもの同士が集まる
②その場の波動に似た波動になっていく

「いい波動」の人の周りには、いい波動の人がたくさん集まってきて、その場はいい波動で満ちてきます。

成功体質の人の周りには、成功体質の人が集まるということです。

逆に、悪い波動の人とつきあったり、悪い波動の場所に行ったりすると、その悪い波動、すなわち失敗体質が伝染してしまいます。

だから、悪い波動の人や場所には、近づかないことが大事なのです。

もちろんその前に、**あなた自身も悪い波動を出さないこと**が最重要です。

売れる習慣

40

「明・軽・温」のいい波動を出そう。

第5章

「ファネル」は「ひとりビジネス」の設計図

「設計図」をつくることは、収益のしくみをつくること

「ひとりビジネス」で結果が出ない人の共通点

「マインドセット」も万全に整えて、

「さぁ、やるぞ！」

と「ひとりビジネス」を始めたのに、思うような結果が出ない……。

そんな人に話を聞くと、ほぼ全員が「設計図」を描いていません。

あなたはどうですか？


設計図がないままビジネスを始めると、いつも忙しくしているわりには利益が上が

らず、いわゆる自転車操業に陥ってしまいます。

それはまるで、設計図なしに、なんとなく家を建てようとする大工さんのようなもの。家はいびつな形になるだけでなく、水道管を入れ忘れたとか、電気の配線がグチャグチャとか、トイレを流したらいきなり水漏れとか、とんでもない結果になります。自分だけの損失に留まらず、身内やご近所にも多大な迷惑をかけてしまいます。

「ひとりビジネス」もまったく同じです。

設計図なしにスタートした場合、家族や友人たちも巻き込んでの不幸な結果が待っています。**設計図のない「ひとりビジネス」は、自分を含め多くのご縁のある方を悲しませてしまうのです。**

「ファネル」は「ひとりビジネス」の設計図

「ファネル（Funnel）」という言葉を聞いたことがありますか？

「ひとりビジネス」の「ビジネス・ファネル」

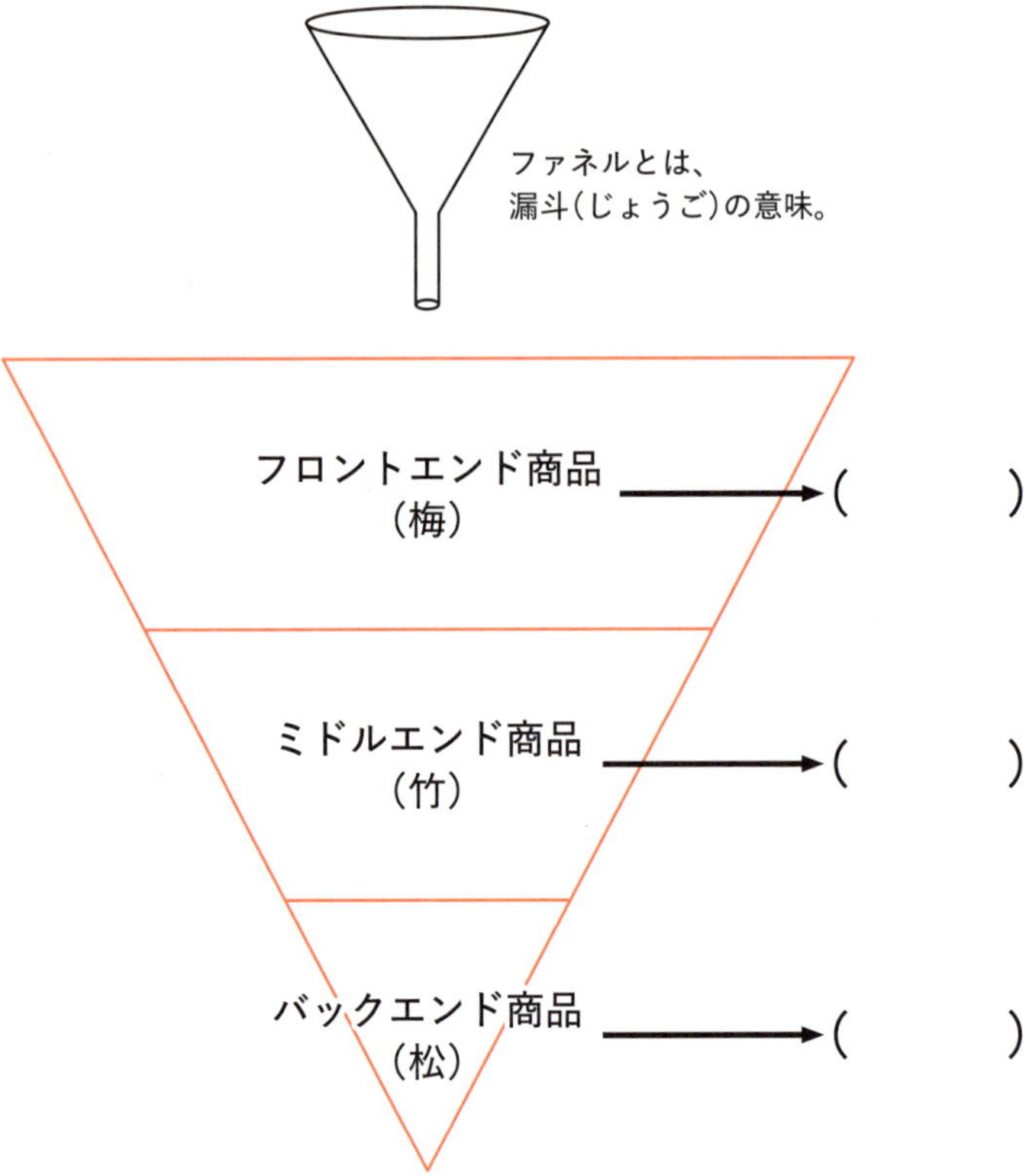

「ファネル」は「ひとりビジネス」の設計図。
「フロントエンド商品」➡「ミドルエンド商品」
➡「バックエンド商品」は、それぞれ価格を10倍にしていく。
3つのゾーンの(　　)にあなたの商品を書き込んでみよう。

日本語で漏斗《ろうと》・じょうごという意味です。口の小さい容器に液体を入れるときに使う道具のことで、理科の実験で使ったり、油をこぼさないように入れるために使ったりします。液体を注ぐと、自動的に下へと流れていくわけです。

あなたの「ひとりビジネス」に興味を持ったお客様候補を、次々とその先へ自然な流れで無理なく案内して、契約や購入へと誘導するしくみ。

これこそが「ひとりビジネス」の「ファネル（設計図）」です。

セールスを繰り返すことで購入者がふるいにかけられ、だんだんとお客様の数がしぼられていくプロセスを表しています。

3段階で商品ラインアップを考える

ファネルは、基本的に3つの階層から構成されています。

わかりやすく言うと**「松・竹・梅」**。

ちょっと気取って言うと**「フロントエンド・ミドルエンド・バックエンド」**です。

上部に低価格帯の商品・サービスを配し、下に行くほど価格が上がるように設計するのが基本です。

【「ひとりビジネス」の商品ラインアップ】

- フロントエンド商品（梅）…低額。集客商品。お客様を集める入り口となる
- ミドルエンド商品（竹）…中価格。バックエンド商品へとつなげる橋渡し
- バックエンド商品（松）…高額。本命の収益商品。利幅が大きく、経営が安定

「ひとりビジネス」では、ファネル（設計図）で「商品ラインアップ」を明確にすることは非常に重要です。

あなたの周りで「ひとりビジネス」でうまくいっていない人をよ～く観察してみましょう。

ほとんどの人は、低額の「フロントエンド商品」だけを回そうとしています。

たとえば、コーチングやマッサージ、スポーツトレーナーの仕事をしている人、占

い師やセミナー講師、アクセサリーや小物の販売など、**1万円以下のフロントエンド商品だけで稼ごうと、もがいている人が多いのです。**

フロントエンド商品が「集客商品」だとすれば、「ミドルエンド商品」と「バックエンド商品」は本命となる「収益商品」です。

フロントエンド商品だけでせっせと「ひとりビジネス」をしていては、いつまでたっても薄利多売になってしまい、きつい肉体労働になってしまいます。

低額商品で集客し、高額商品で利益を出す

「ひとりビジネス」の設計では、**フロントエンド商品だけでなく、その次のミドルエンド商品とバックエンド商品を最初から用意しておくこと**が大切です。

「最初は1つの商品を提供し、お客様の反応を見ながら、少しずつラインアップを拡充させればいい」

そんな考えでは、収益化に苦しみます。

大事なのは、いかにスムーズに、次のミドルエンド商品やバックエンド商品へ誘導していけるかです。

あなたが「ひとりビジネス」の初心者で「3つの商品を用意するのは難度が高い」のであれば、はじめは「フロントエンド商品とバックエンド商品の2つ」でもかまいません。

いずれにせよ、**「低額商品で集客し、高額商品で利益を出す」**という「ひとりビジネス」のゴールデン・ロジックで商品ラインアップを考えることが重要です。

売れる習慣

41

「ひとりビジネス」のファネル（設計図）を描こう。

商品づくりには、「24通り」の方法がある

商品は、誰でもカンタンにつくることができる

逆三角形型のファネルの中に、価格の違う商品を3つ用意する（フロントエンド商品、ミドルエンド商品、バックエンド商品）のが、「ひとりビジネス」における商品の設計図です。

では、実際に何を売るか？
ファネルの中に、何を入れたらいいのか？

ファネルの概念が理解できても、「売り物（商品、サービス）」を持っていなければ、「ひとりビジネス」を始めることはできません。

「ひとりビジネス」を始めるにあたって多くの人が最初につまずくのが、商品づくりです。


「『ひとりビジネス』を始めたいけれど、提供するものがない」

「お金をいただけるようなスキルも、商品も持っていない」

「自分から発信できるようなノウハウはない」

と考え込んでしまいます。


しかし、安心してください。

実は商品は、誰でもカンタンにつくれるのです！

次ページの図**「ひとりビジネス・商品テーブル24」を使えば、商品づくりは24通りも考えられる**ことがわかります。

ひとりビジネス・商品テーブル24

（制作者） 自分の商品　他人の商品　コラボ商品

×

（形態） モノ　サービス

×

（販売場所） インターネットで売る　リアルで売る

×

（販売方法） 自分で売る　他人に売ってもらう

商品づくりは、制作者・形態・販売場所・販売方法の4方向のアプローチにより、24通りの組み合わせがある。

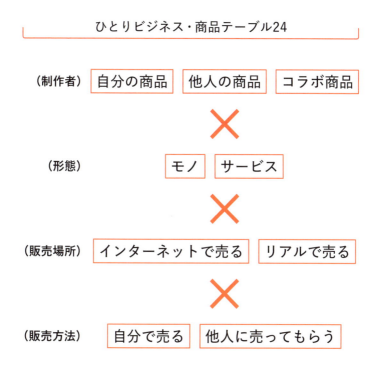

【ひとりビジネス・商品テーブル】

4つの視点からのアプローチによる、24通りの商品開発方法。

①制作者……「自分の商品」「他人の商品」「コラボ商品」
②形態……「モノ」「サービス」
③販売場所……「インターネットで売る」「リアルで売る」
④販売方法……「自分で売る」「他人に売ってもらう」

それぞれについては、これから詳しく説明しますが、漠然と商品づくりについて考えるよりグ～ンと視野が広がりませんか？
24通りもあるのですから、商品は誰でもカンタンにつくれるのです。

商品づくりは「4つの視点」からアプローチ！

①制作者

制作者という視点から考えると、商品は次の3つがあります。

- **自分の商品**……自分だけのオリジナル商品。たとえば、自分でつくった小物や雑貨、洋服。自分が身につけたスキルをコンテンツ化（情報化）したものなど
- **他人の商品**……自分以外の人がつくった商品。たとえば、他人の商品を紹介して紹介料をもらう、他人の商品を販売して手数料をもらうなど
- **コラボ商品**……誰かとコラボレーションしてつくった商品。たとえば、カメラマンとデザイナーがコラボして、ウェディングフォトアルバムを提供する、シェフと管理栄養士がコラボして、ダイエット向けのレシピを提供するなど

②形態

形態という視点から考えると、商品は次の2つがあります。

- **モノ**……カタチのあるもの。小物、雑貨などのアナログ商品や、情報商材などのデジタル商品

- **サービス**……カタチの存在しないもの。コンサルティング、カウンセリング、イベント主催、紹介、知識や経験を提供するなど

③販売場所

販売場所という視点から考えると、商品は次の2つがあります

- **インターネット**……ネットショップ、ホームページ、ランディングページなど
- **リアル**……対面販売、実店舗・会場での販売など

④販売方法

販売方法という視点から考えると、商品は次の2つがあります。

- **自分で売る**……対面にせよインターネットにせよ、自分が直接販売する
- **他人に売ってもらう**……アフィリエイト、代理店契約、相手の販売チャネルを活用した業務提携、インフルエンサーマーケティング（SNSで影響力のある人に商品

を紹介してもらい、そのフォロワーに対して販売をする）など

このように商品づくりには「24通り」の組み合わせがあります（3×2×2×2＝24）。

常に「商品化できないか？」という意識を持って、商品づくりを楽しみましょう。

売れる習慣 42

24通りで、商品を考えよう。

オリジナル商品にこだわらない

「ひとりビジネス」は「人助けビジネス」

24通りの組み合わせの中で、もっとも業務コストがかからす、すぐにビジネスを開始できるのは、次の組み合わせです。

- 制作者……他人の商品
- 形態………モノ
- 販売場所…インターネット
- 販売方法…自分で売る

「売るものがない」と頭を悩ますのは、「自分の商品」をつくろうとするからです。

もちろんそれが、オリジナル商品であればベストですが、オリジナル商品にこだわりすぎると、

「商品が完成するまで一歩を踏み出せない」

「商品ラインアップが増えない」

など、何年たっても足踏み状態が続くだけで、一向に「ひとりビジネス」が進展しないという事態に陥ってしまいます。


商品づくりでもっとも大切なのは「ゼロから自分の手でオリジナル商品を開発すること」ではありません。

「困っている人の問題を解決してあげること」です。


たとえば、私の受講生で50代の主婦のAさんは、私が35年かけてつくったプログラムを知人などに紹介し、1か月で「87万3000円」の収入を得ました。

商品をつくったのは私。Aさんは「他人の商品」で「ひとりビジネス」を成功させたのです。

Aさんのように**「他人の商品でもいいので、人の役に立つ商品を提供する」**という視点を持つと、商品数を増やすことが可能です。

また、すでに実績のある「他人の商品」を販売すれば、

「初期費用や在庫リスクを抱えない」
「お客様の好みを理解できる」
「販売スキルが身につく」

などのメリットを受けることができます。

「ひとりビジネス」は、「人助けビジネス」。

「ひとりビジネス」において商品とは、お悩みを抱えている人の問題を解決してあげることのできる、すぐれた「解決策」であり、「処方箋《せん》」なのです。

未完成でもいいから発信する！

「オリジナル商品ができたらやります」
「貯金がたまったらやります」
「人脈が増えたらやります」
「知識が増えたらやります」

このように2段階思考で考える人は、「ひとりビジネス」で失敗するタイプです。

完成してから動こうとせずに、**同時進行で動き出す人が「ひとりビジネス」で成功します。**

大事なのは、未完成でもいいから発信することです。

「受信側」と「発信側」。この世の中には、2つのサイドがあります。たった1文字の違いでも、その違いは大きいのです。

カンタンに言うと、受信側は「スマホ1台でいいじゃん」という人。

発信側は「スマホも持っているけど、ノートパソコン、あるいはタブレットも持ち歩いてる」という人。

受信側は買う人、発信側は売る人です。

スマホ1台の人は、ポチポチ買っているだけなのです。何かを売ろうという人ではありません。

受信側から発信側に回らないと、お金が出ていくばかりです。

「またお金が出ていった。昨日も買ったのに、今日も買っちゃったよ」となります。

一方、発信側はお金が次から次へ入ってきます。

「ひとりビジネス」を始めることは、「受信側（＝消費者）」から「発信側（＝提案者）」に変わることです。

この世の中の構図をよく知って、受信側から発信側にシフトしましょう。

ファネルは変化してOK

「ひとりビジネス」の設計図であるファネルは、一度決めたら変えないという憲法のようなものではなく、フレキシブルにどんどん変化させていってOK。**ファネルは常に改善し、アップデートしていくことが大事です。**最初は、シンプルに3つの価格帯から始めて、それを5つ、6つ……と増やしていきましょう。

「フロントエンド商品とミドルエンド商品の間に、物販があってもいいかなぁ」
「そうだ！　全部をまとめたフルパッケージをつくっておこう」

など、とにかく検討するためのたたき台として、まずはファネルを持つこと。すべてはそこから始まります。

売れる習慣 43

オリジナル商品にこだわらずに、どんどん発信しよう。

「高額商品」を設定すべき理由とは？

高額なバックエンド商品が必要な理由

「ひとりビジネス」に、どうして高額なバックエンド商品が必要なのでしょうか。
理由は、２つあります。

１つ目の理由は、「価格競争に巻き込まれないため」です。

世の中には、２種類の商品があります。
「ニーズ商品」と「ウォンツ商品」です。

ニーズ（needs）とは必要性、ウォンツ（wants）とは欲望のこと。

◉ニーズ商品……必要だから買う、最低限あればいい商品。低額

◉ウォンツ商品……欲しいから買う、より高い満足感や欲求を満たす商品。高額

たとえば、大学ノートにメモを書くために買う100円のボールペンがニーズ商品、使うたびにテンションが上がる特別感のある高級ボールペンがウォンツ商品です。

「ひとりビジネス」で大きな結果を出したい場合は、ニーズ商品だけでなく、ウォンツ商品も絶対に必要です。

もしも高額なウォンツ商品を商品ラインアップに持たなかった場合、低額なニーズ商品だけでは、遅かれ早かれ、「価格競争」に巻き込まれてしまいます。

「向こうがワンコイン（500円）なら、こっちは無料だ！」

といった泥沼の値下げ合戦になってしまうのです。

価格ではなく、独自の価値や心理的な価値で選ばれる「高額商品」を持つことが「ひ

とりビジネス」の成功には必須です。

仮にあなたがコーチで、月に100万円の売上が欲しいとしましょう。5000円の「ニーズ商品」だけで達成しようとすれば、月に200人を相手にしないといけません。ですが、もし20万円のウォンツ商品があれば、たった5人で達成です！

高額なバックエンド商品が必要な2つ目の理由は、「セルフイメージを高めるため」です。

「セルフイメージ」とお金は、大きく関係しています。あなたが決めた「商品価格」は、あなたのセルフイメージの影響を受けているのです。

セルフイメージとは、自分自身に対して抱いている認識や思い込みのことです。セルフイメージが低いと、「ひとりビジネス」の成長を阻むブレーキとなってしまいます。

あなたの「ひとりビジネス」の現在の商品の価格帯を、低いほうから高いほうに順番に並べてみてください。

問題は、最高金額の商品です。**最高金額があなたのセルフイメージを表しています。**

ハイ・バックエンド商品をつくろう

商品の価格を高額にできないのは、「自分にはせいぜいこれくらいの価値しかない」という自信の不足から生まれる心のブレーキがあるからです。

私の受講生でも、バックエンド商品を3万円に設定している人もいれば、2000万円にしている人もいます（年商20億円の企業のリーダー研修を年間2000万円で受注している30代の女性です）。

「自分にはせいぜいこれくらいの価値しかない」という心のブレーキを外すためには、**誰も買わなくていいから、バックエンド商品よりもさらに高額な「ハイ・バックエンド商品」を設定する**ことがおすすめです。

売れなくていいから「ハイ・バックエンド商品」をあなたの「ひとりビジネス」のメニューにぜひ加えてみましょう。

「100万円で動画制作&トータルアドバイスを請け負います」

「200万円で、世界に1つだけの『オリジナルアクセサリー』を作ります」

「年間500万円で、24時間365日対応可能な個人コンサルティングをします」

など、**「いくらなんでも高すぎるのでは?」と、少し怖くなるくらいの高額商品を用意**してみてください。

そうすると「ミドルエンド商品」や「バックエンド商品」のプライスが、急にリーズナブルに感じられてくるから不思議ですよね。

信じられないかもしれませんが、**最高金額の商品をたった1つ設定することで、「ひとりビジネス」のあらゆる面がうまく回り出します。**

あなたの心のブレーキを外すことができるからです。

だまされたと思って、やってみてください。

売れる習慣 44

「いくらなんでも高すぎる」くらいの商品を用意しよう。

「ハイ・バックエンド商品」を用意しよう！

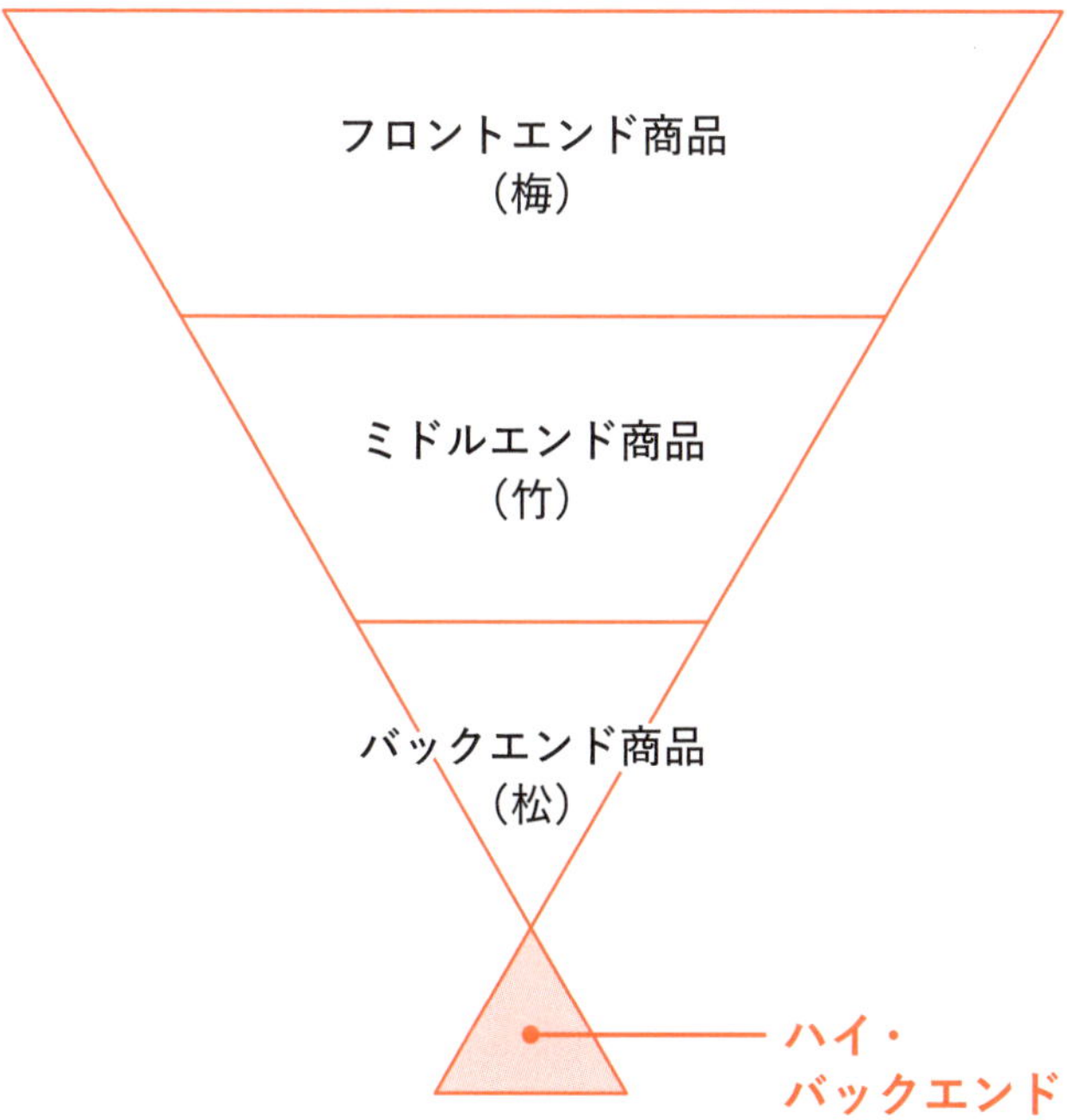

誰も買わなくてもいいから「ハイ・バックエンド商品」を用意することで、バックエンド商品が安く感じられ、ビジネスがうまく回り始める！

「10倍アップ」が価格設定のコツ

価格の目安を知っておけば、値付けしやすい

「値段を高く設定したいけど、高くすると売れなさそう……」

「かといって値段を低くすると、利益が出ない……」

「そもそも値段を高くする自信がない」

フロントエンド、ミドルエンド、バックエンドの商品価格をどう設定していいのか、頭を悩ませている方のために、価格設定のコツをご紹介します。

それは**「10倍の価格設定戦略」**です。

フロントエンド商品⬇ミドルエンド商品⬇バックエンド商品、それぞれ**「価格を10倍ずつ上げていく」**のです。

10倍の価格差を設定することで、各商品の価値を明確に伝えることもできます。

【市場での価格帯の相場】

- フロントエンド商品……3000〜1万円くらい
- ミドルエンド商品……1万〜10万円くらい（フロントエンド商品の10倍）
- バックエンド商品……10万〜100万円くらい（ミドルエンド商品の10倍）
- ハイ・バックエンド商品……100万円以上（バックエンド商品の10倍）

【価格設定の例】

- フロントエンド商品……5000円（無料NG）
- ミドルエンド商品……5万円（フロントエンド商品の10倍）
- バックエンド商品……50万円（ミドルエンド商品の10倍）
- ハイ・バックエンド商品……500万円（バックエンド商品の10倍）

たとえば、あなたがセミナー講師の場合、こんな具合です。

- フロントエンド商品……500円（入門コース／講座60分×1回）
- ミドルエンド商品……5万円（ベーシックコース／講座3時間×2回）
- バックエンド商品……50万円（上級コース／講座3時間×5回、グループコンサルティング5回、個人コンサルティング3回）
- ハイ・バックエンド商品……500万円（スペシャルコース／24時間365日対応の個人コンサルティング）

「ひとりビジネス」では、「初回無料」は絶対NG

値付けをする際、**「ひとりビジネス」では、フロントエンド商品の最低価格を「0円（無料）」にしてはいけません。**

「最初の1回は無料でサービスを提供して、2回目以降は有料にする」

「基本サービスは無料にして、オプションや付加機能を有料で販売する」

といった戦略は、「ひとりビジネス」には適していません。

「無料」にしてはいけない理由は、おもに6つあります。

①はじめに無料にしてしまうと、その後、有料化しにくい
②利益を確保できない
③商品やサービスの価値を低く見積もられ、軽く扱われてしまう
④有料にすることで、プロフェッショナルとしての信頼感が増す
⑤「無料」につられて集まる人の多くは、有料サービスを購入しない
⑥「クレクレ星人」を増やすことになる

クレクレ星人とは、

「あれも無料で教えてクレ」

「もっとわかりやすいレジュメをクレ」

「無料でやってクレたら参加するけど、有料なら行かない」

と、なんでも無料でちゃっかりと情報だけを得ようとする人たちの総称です。

サービスが無料で当たり前という前提の方たちとおつきあいすると、いつまでも心

の葛藤に苦しむことになります。

お試し価格で多少割引をするのは悪くありませんが、「無料」にしてはいけません。

低額でも、必ず料金を設定することが重要です。

無料のフリー戦略を採用していいのは、資金が潤沢な大企業だけです。

個人が大企業のサルマネをしても、うまくいかないのです。

売れる習慣

45

価格を10倍ずつ上げていこう。

商品ラインアップを2倍に増やすには？

アナログ商品とデジタル商品は互いに転換できる

フロントエンド商品・ミドルエンド商品・バックエンド商品、ファーストステップとしてこの3つの商材を設定したら、**商品ラインアップを一気に2倍（3×2＝6）**にしましょう。

では、どのように「2倍」にするのかというと、**アナログでつくったものはデジタル化し、デジタルでつくったものはアナログ化**していくのです。

アナログ⟷デジタルで、商品を２倍に！

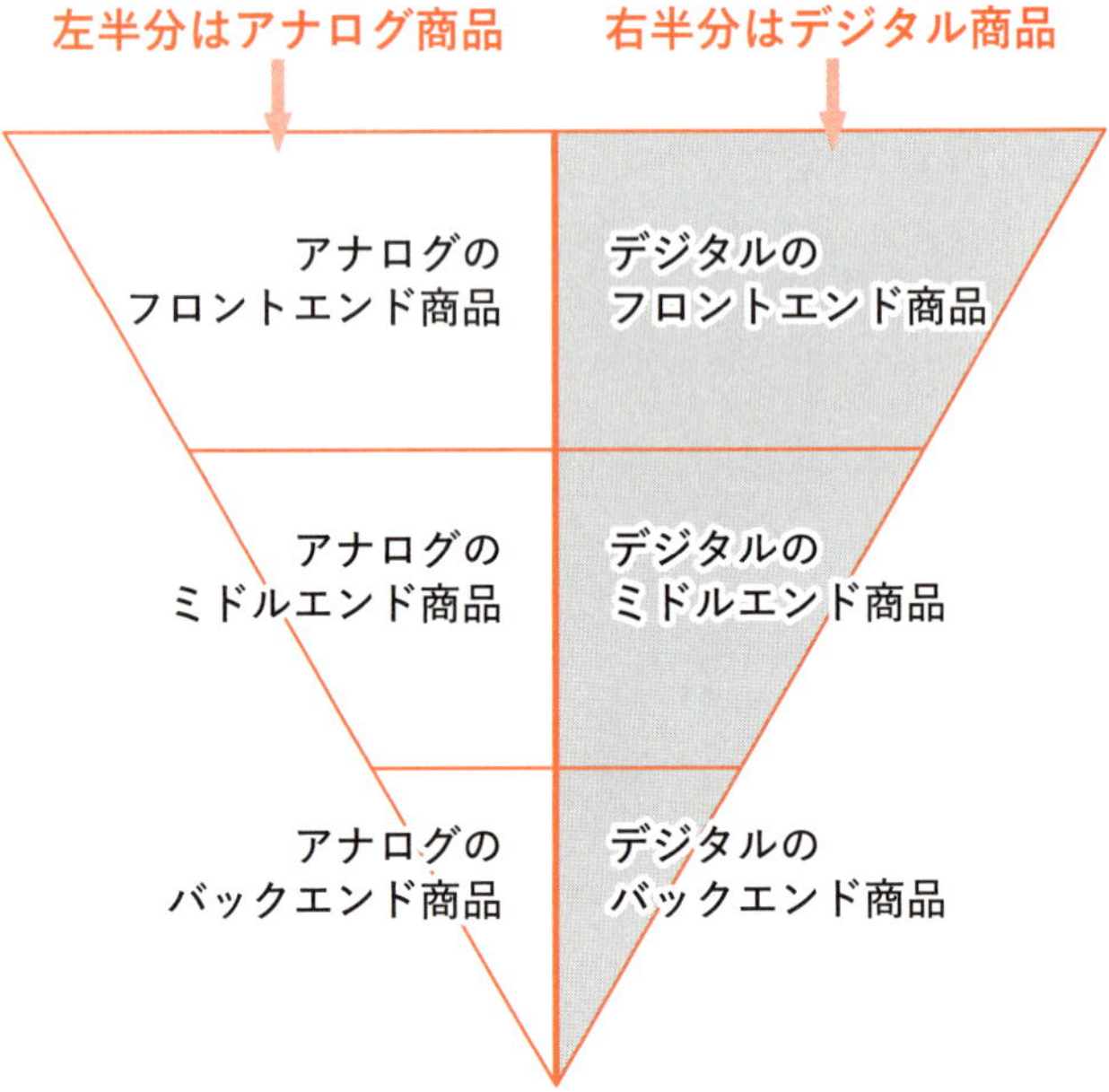

最初に３つに分けた商材を、さらにタテに２つに割ることで、合計６個の商材をつくれる！

◉アナログ商品……カタチがあるもの、宅配便や郵便で届けることができる商品（雑貨、小物、小冊子、飲食料品など）。対面でのサービス

◉デジタル商品……情報商材（動画コンテンツ）、インターネット上でやり取りできるデータ（PDFファイル、音声データ、画像データ、動画データなど）

たとえば、小冊子という紙のアナログ商品をPDFファイルにすれば、デジタル商品になりますよね。あるいはこの逆もあり、収録した音声データ（デジタル商品）を文字に起こして、紙に印刷すれば小冊子（アナログ商品）になってしまいます！

【アナログ➡デジタルの例】

- 対面で施術しているネイリストが、「セルフネイルのやり方」のオンラインセミナーを開講し、アーカイブデータを販売する
- 手づくりアクセサリーを制作・販売しているハンドメイド作家が、「アクセサリーのつくり方」を教える動画教材を販売する
- 対面で個別カウンセリングをしているメンタルトレーナーが、「心の健康を保つノウ

ハウ」をまとめた小冊子のＰＤＦファイルをダウンロード販売する

【デジタル⬇アナログの例】

- 「ストレスを癒す方法」についてオンラインセミナーを開いているセラピストが、セミナー内でおすすめしている「ハーブティー」をネット販売する
- オンラインで「絵の描き方」を教えている画家が、個展で作品を販売する
- 「文章の書き方」について動画配信しているライターが、動画の音声を文字に起こしてまとめて簡易製本した小冊子を販売する

ゼロから新しい商品をつくるのは、エネルギーもコストもかかってしまいますが、この「アナ・デジ」「デジ・アナ」という発想法で、商品ラインアップは倍増します。らくらくコンテンツを増やしていきましょう。

売れる習慣 46

アナログはデジタルに、デジタルはアナログに。

第6章

集客から販売までの美しい流れをつくる「マーケティング」

マーケティングとは、売れるしくみをつくること

インターネット上で「売れるしくみ」をつくる

マーケティングとは、「集客と販売を不要にするしくみ」のことです。

「不要にする」といっても、「やらない」「必要ない」という意味ではありません。自分で汗をかいて人を集め、ひたすら頭を下げて販売をするのではなく、**「売れるしくみをつくる」**ことを目的としています。

インターネット時代のマーケティングは、ウェブサイト、ウェブ広告、ブログ、メ

ルマガ、SNSなど、デジタルチャネルを活用して、**インターネット上で、集客から販売までの流れをワンストップで構築する**のがおすすめです。

インターネットマーケティングは、低コストで多くの人にアプローチできるので、リソース（経営資源）の少ない「ひとりビジネス」と非常に相性がいいのです。

集客⬇教育⬇販売

マーケティングは、次の3ステップから成り立ちます。

【マーケティングの3ステップ】

①集客
②教育（価値提供）
③販売

①集客

商品・サービスに関心がある「見込み客」を集めて、サイトや店に来てもらう。SNS、YouTube、ブログ、Facebook広告、Google広告、イベントなどを活用。

★「見込み客のリスト獲得」ここで、見込み客の名前やメールアドレスなど「リスト」を獲得し、あとから継続的にアプローチできる状態をつくるのが重要。

②教育（価値提供）

リスト登録者に、商品やサービスの価値を理解してもらうための情報を提供する。信頼関係を構築し、「これは自分にとって良さそうだ」と感じてもらう。メールマガジン、動画、LINE公式、ステップメールなどを通じて行う。

③販売

商品の購入やサービスの契約をしてもらい、実際に売上につなげる。購入手続きの簡便さや、限定キャンペーン、特典なども販売促進に役立つ。

インターネット上で売れるしくみをつくる！

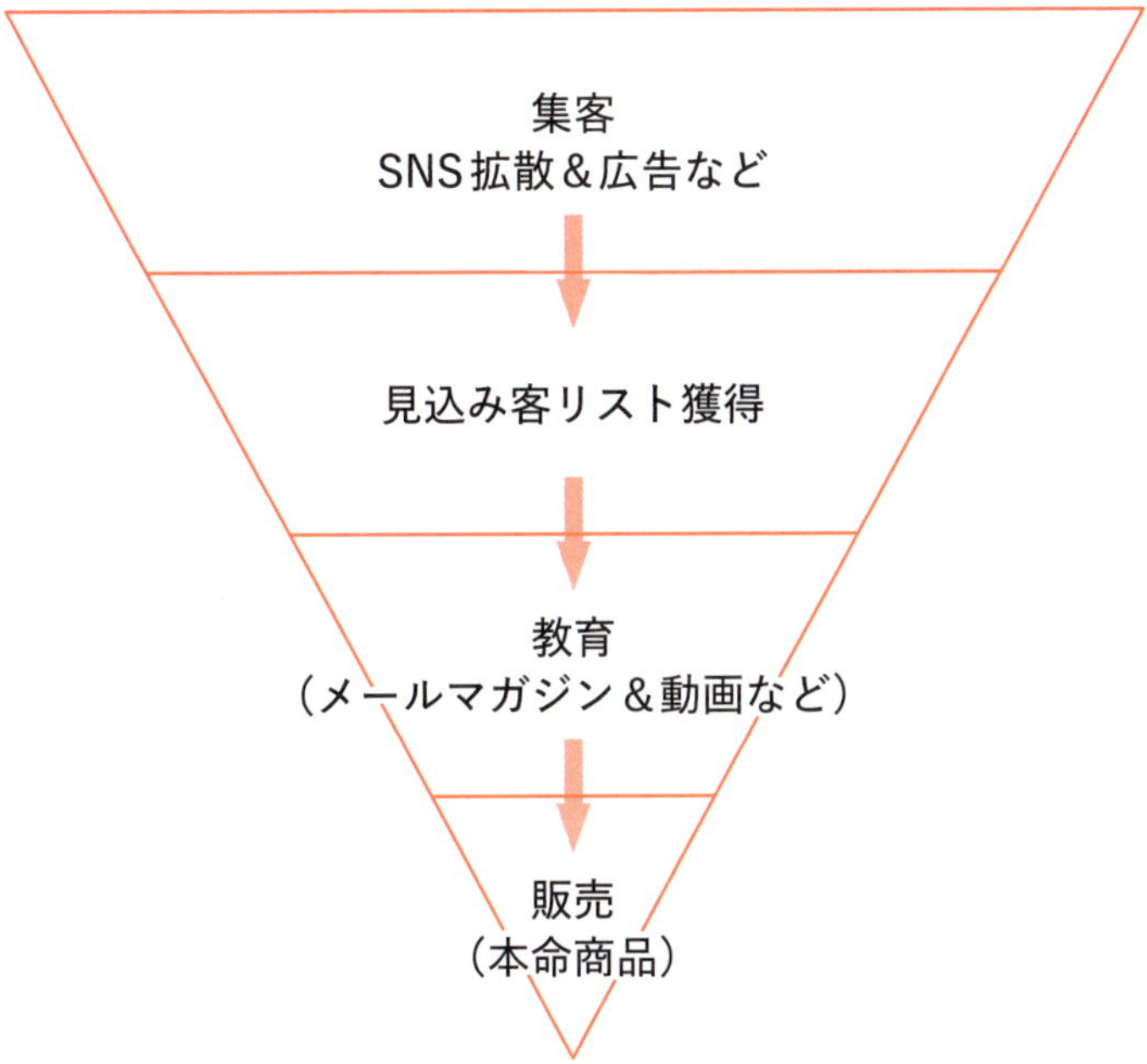

信頼関係を構築することで、本命商品の販売へと導く。

マーケティングを「自動化」する

「ひとりビジネス」では、集客、教育、販売の「自動化」は大いに役立ちます。自動化ツールを活用することで、限られた時間とリソース（経営資源）で、効率よく見込み客にアプローチし、フォローアップができます。

たとえば、以下のような自動化が可能です。

- **メール配信の自動化**……新しいリスト登録者に対して、自動的にウェルカムメールを送ったり、購買に至るまでのステップに合わせて教育コンテンツを定期的に送信したりできる
- **SNS投稿の自動スケジューリング**……ツールを使って、InstagramやFacebook、Xなどへの投稿を事前に設定し、自動的に投稿されるようにできる。これにより、定期的な発信が安定し、手間を減らせる

- **顧客管理とフォローアップ……**特定の行動（サイト訪問やメール開封など）に応じて、自動でフォローアップのメールやメッセージを送ることで、見込み客との信頼関係を強化できる

自動化をうまく活用すれば、「ひとりビジネス」でも効率的にマーケティング活動を展開し、より多くの見込み客にリーチできるようになります。

完全自動化でなくても、一部を自動化する「半自動化」でもずいぶんとラクになり、仕事の効率が上がります。

半自動化であれば、手間を減らしながら人間らしい対応もできて、「ひとりビジネス」で特に有効です。

できるところから自動化を取り入れて、手間をかけずに売る方法を構築しましょう。

自動的に集客し、自動的に売るしくみをつくる

私が考えるインターネットマーケティングのゴールは、**「エバーグリーンローンチ」**です。

◉**エバーグリーンローンチ……**見込み客が興味を持ったタイミングで購入できるよう、**メールや広告などで自動的に商品を販売していくしくみ**

エバーグリーンローンチは、アメリカのオンラインマーケティングの専門家・ジェフ・ウォーカー氏が提唱しました。

一年中緑を保つ「エバーグリーン（常緑樹）」のように、特定の日時に限定せずに、**「いつでも購入できる状態を保つ」**という意味でこう呼ばれています。

エバーグリーンローンチのステップは、次のとおりです。

・**「集客」**

ウェブ広告を通じて、ランディングページ（商品・サービスの情報を掲載したウェブページ）に集客する。

⬇

・**「リスト獲得」**

ランディングページで無料特典（資料やクーポンなど）を提供して、「特典をダウンロードするにはメールアドレスを登録してください」といった形で、訪問者のメールアドレスやＬＩＮＥのＩＤを獲得する。

⬇

・**「教育」**

メルマガやＬＩＮＥメッセージで、商品・サービスの価値を理解してもらうためのコンテンツを送る。数回に分けて、役立つ情報を提供（ステップ配信）し、興味を持続させる。情報提供を続け、少しずつ信頼関係を築き、購買意欲を高める。

⬇

・「販売」

販売ページに誘導し、商品・サービスを購入してもらうための具体的な提案をする。割引や限定特典が含まれることもあり、購入の後押しとなるような魅力的な提案を行う。

エバーグリーンローンチは、基本的にインターネット上で行うため、オンライン講座の販売やネットショップなど、オンラインで完結するビジネスに適しています。

売れる習慣 47

手をかけずに売る方法を構築しよう。

「見込み客リスト」は、「ひとりビジネス」の最重要資産

2万件の「見込み客リスト」があると、黙っていても食べていける

インターネットマーケティングの基盤をつくるステップが、**「見込み客のリストを獲得すること」**です。見込み客とは、あなたの商品やサービスに関心がある人（将来、購入する可能性がある人）のことです。

見込み客のリストは、「ひとりビジネス」の貴重な資産です。2万件の見込み客リストがあると、「黙っていても食べていける」と言われています。

見込み客のリストが資産である理由は、次のとおりです。

- 直接、情報を届けることができる
- 登録者は、自発的に興味を示した人なので、高い反応率が期待できる
- 見込み客に継続的に情報を提供することで、購入に導くことができる
- 既存顧客に再度アプローチすることで、リピートが期待できる
- メールやチャットを自動的に送信できる

見込み客のリストを獲得するために、SNS、ランディングページ、ホームページなどにリストを集めるしくみを設置しましょう。

【見込み客リストを増やすためのアイデア例】

- 「この投稿をシェアして、特定のリンクから登録すると○○が当たります」というキャンペーンをする。リンクをクリックすると登録フォームが表示される
- ランディングページで「無料で○○ガイドをダウンロードできます」とプレゼントをする。ダウンロードするには、メールアドレスの登録が必要

- 「さらに詳しい情報を知りたい方は、こちらから無料で○○ガイドをダウンロードできます」といった提案をして、ダウンロードのためにメールアドレスやLINE IDを登録してもらう
- 「メルマガに登録すると、初回購入分が○%オフ」といった特典を提供する
- 「LINE公式アカウントを友だちに追加すると限定クーポンをプレゼント」といったキャンペーンを実施する

ターゲットに合わせた内容や特典を工夫することで、効果的に見込み客リストを集めることができます。

売れる習慣 48

「見込み客リスト」を増やして、「ひとりビジネス」の資産を築こう。

「集客」➡「販売」の流れをつくるには、「ランディングページ」が超重要

「ランディングページ」は、ネット上の「チラシ」

インターネットマーケティングでは、「ランディングページ」が不可欠です。

ランディングページは、商品やサービスの紹介や、特定の目的（購入、問い合わせ、登録など）に特化した「1ページ完結」のウェブページです。

訪問者がこのページを見て「行動を起こしたくなる」ように、商品・サービスの魅力や利点をわかりやすく伝えることに重点を置きます。

たとえば、広告や検索エンジンのリンクをクリックすると表示されるのがランディングページで、そこで商品の詳細説明、口コミ、購入ボタンなどがまとめて表示され、最終的に購買や登録に誘導する役割を果たします。

ホームページより先にランディングページをつくる

ホームページが「会社案内」のパンフレットだとしたら、ランディングページは「チラシ」に該当します。

会社案内は立派なパンフレットであることが多いですよね。しかし、実際にモノやサービスを売る場合は、チラシのほうが有効なのです。

◉ホームページ……会社案内。企業や個人の全体像を伝えるのが目的。複数ページ構成で、さまざまな情報（事業紹介・商品紹介・ブログ）が網羅されている

◉ランディングページ（LP）……チラシ。特定の行動（購入や登録）を促す1ページ構成で、1つの商品やサービスの魅力をシンプルに伝えることが目的

「あなたのひとりビジネス全体を紹介する」のはホームページ、「特定の商品やサービスを販売する」のがランディングページです。

ホームページ全体を一気につくりあげるのは時間と労力がかかるので、「ひとりビジネス」では、ランディングページから先に作成します。「ランディングページをコツコツ積み上げていけば、ホームページができあがる」と考えましょう。

複数の商品やサービスを紹介したい場合、商品ごとにランディングページを作成していけば、その集合体がホームページになります。

私のホームページは、まさしく「ランディングページの集合体」です。

売れる習慣 49

まず「ランディングページ」をつくろう。

集客装置としてのランディングページ

ランディングページ作成の3つのポイント

ランディングページは、訪問者がたった1つの着地点（1つの商材）に向かってまっしぐらに進むためのロードマップ。

ブログ、Facebook、Xなどから自分のランディングページに誘導し、商品の販売まで直結できるため、「ひとりビジネス」がそれまでとは比較にならないほど飛躍的に前進します。

ランディングページを作成するときの注意点は次のとおりです。

【ランディングページ作成の3つのポイント】
①ターゲットを絞る
②「BEAF《ビーフ》の法則」に則って文章をつくる
③ランディングページは長くていい

①ターゲットを絞る

「ターゲット（顧客層）を広げたほうがたくさん売れるのではないか」
そう思われるかもしれませんが、逆です。ターゲットを絞ったほうが購買意欲を高められます。

- **ターゲットが広い……ぼんやりとしたメッセージになりがち**

（例）「資格試験の勉強をしたいすべての人へ」

「健康に興味がある人へ」

- **ターゲットが狭い……強いメッセージが届く**

(例)「ファイナンシャルプランナー2級を目指す人は必見!」

「ダイエットを始めたい30代女性限定!」


ターゲットを明確に設定し、その層に合ったキャッチコピーやビジュアルを使用することで、訪問者に強いアピールができます。

また、特定のニーズや課題に焦点を当てることで、訪問者が「自分のためのページだ」と感じやすくなります。

②「BEAF《ビーフ》の法則」に則って文章をつくる

「BEAFの法則」とは、購買意欲を高めるフレームワーク(文章の型)です。

頭文字の順番通り、

「利益⬇根拠⬇優位性⬇特徴」の順で、ランディングページの文章を構成することで、商品やサービスを効果的にアピールできます。

【BEAFの法則】

・B(ベネフィット　Benefit)……利益
商品やサービスを購入することで得られる具体的なメリットを伝える。

・E(エビデンス　Evidence)……根拠
お客様の声、第三者によるレビュー、データや統計などの証拠を紹介し、商品やサービスの信頼性を高め、購入に対する不安を軽くする。

・A(アドバンテージ　Advantage)……優位性
競合と比較してすぐれている点を明確にし、商品・サービスの魅力を高める。

・F(フィーチャー　Feature)……特徴
商品やサービスの具体的な機能や特徴、金額などを説明する。

たとえば、地方の町の小さなカメラ屋さんだった「ジャパネットたかた」が、短期間で全国規模の大通販会社にまで成長した秘密の1つが、この「BEAF」の法則をそのまま活用したことです。

- **B（ベネフィット　Benefit）**

「この大画面テレビで、アンパンマンやディズニーのアニメを見たら、お孫さん、もう大喜びですよ～♪」

- **E（エビデンス　Evidence）**

「しかも、あのパナソニックの最新型なんです！」

- **A（アドバンテージ　Advantage）**

「今お買い上げの方には、なんとＤＶＤを再生するためのＤＶＤプレーヤーもつけちゃいます♪」

- **F（フィーチャー　Feature）**

「今だけ、〇〇円！　金利分割手数料なし。今すぐお電話ください。お孫さんが『じぃじの家でテレビ見る』って言って、もう、しょっちゅう来ちゃいますよ～♪」

「ＢＥＡＦの法則」をあなたも活用して、お客様の購買意欲を高めましょう。

③ランディングページは長くていい

実は、昔は私も、タテに長いランディングページが嫌でした。

「だいたいこんなに長い説明を読む人なんているのか？」

正直言うと、懸命に売り込んでいるみたいな感じがして、あまりいい気持ちがしないなぁと思っていたのです。

しかし、これまでにたくさんのランディングページを制作した結論はこれです。

「ランディングページは長くていい」

むしろ、**短いランディングページでは売れ行きが芳しくない**のです。

なぜか？

それは、興味を持った人は、たとえ長くてもちゃんと見てくれるからです。

買わない人は、途中で離脱してくれるので、かえって都合がいいわけです。

興味関心がある人にだけ、集中して説明する。これがビジネスの基本です。

ランディングページは、あなたに代わって商品をセールス・販売してくれる敏腕営

ランディングページは長くてOK！

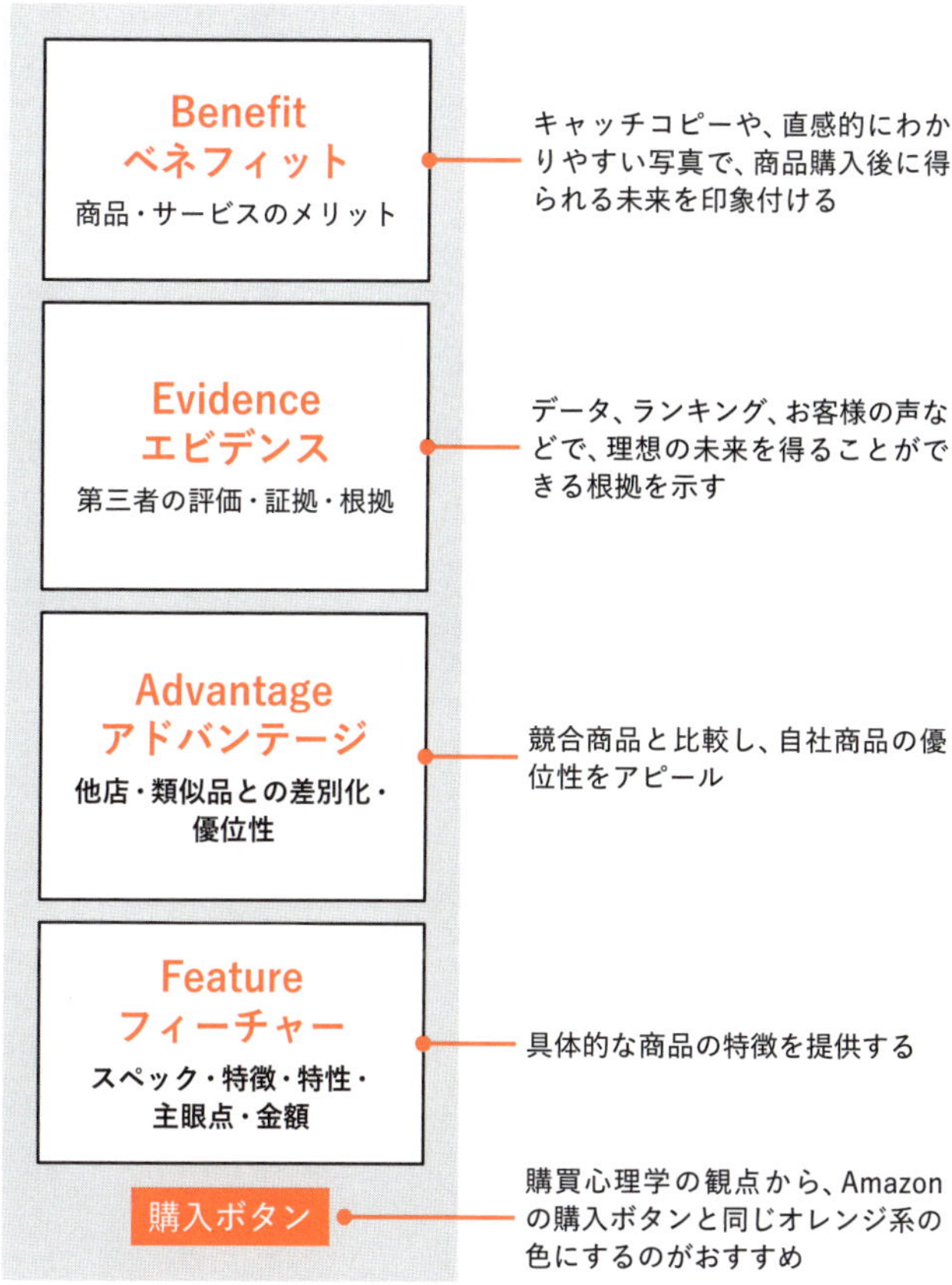

**ランディングページは、
「BEAFの法則」にしたがって書くのがコツ。**

業パーソンです。

しかも24時間休みなく！　給料をくれとも言わずに、休憩時間をくれとも言わずに。

だからこそ、いい加減な説明で終わらせずに、これでもかというほど**ポイントをわかりやすく、興味深く、エモーショナルに**示してあげることが、とても重要となるわけです。

売れる習慣 50

わかりやすく、興味深く、エモーショナルなランディングページをつくろう。

プロフィールを尖らせすぎない

「濃口ブランディング」より「薄口ブランディング」

商品のターゲットは明確化すべきですが、名刺、ホームページ、チラシなどに載せる**自分自身のプロフィールは尖《とが》らせすぎないほうが得策です。**

プロフィールが尖りすぎている、つまり、

「非常に専門的な肩書きがついている」

「ニッチな分野に特化している」

これだと、興味を持つ顧客層が限定されてしまい、見込み客を逃す可能性があります。

プロフィールを尖らせることを「**濃口《こいくち》ブランディング**」、プロフィールに間口の広さを持たせることを「**薄口《うすくち》ブランディング**」と呼びます。天才マーケター塚田紘一さんのネーミングです。

◉濃口ブランディング……プロフィールを尖らせる

（例）TikTok集客の専門家

◉薄口ブランディング……プロフィールに間口の広さを持たせる

（例）ウェブマーケター

濃口ブランディングの場合（TikTok集客の専門家）、TikTokに興味のない人には訴求できません。

しかし、薄口ブランディングの場合（ウェブマーケター）、ウェブ、SNS、ショートムービーなど、さまざまなオンラインチャネルとマーケティング全般に関わるため、顧客を広げやすくなります（商品やサービスと同じで、薄すぎてもぼやけてしまいます）。

「薄口が正解で濃口が間違い」ではありません。

「TikTok集客」が得意なのであれば、薄口で間口を広げて見込み客を増やし、そのあとで、

「コンテンツの1つとしてTikTok集客を組み込む」

「TikTok集客に関する個人コンサルティングをする」

など、「薄口➡濃口」の順番で使い分けると効果的です。

売れる習慣 51

プロフィールは「薄口」➡「濃口」と使い分けよう。

「川下りマーケティング」で、集客から販売へ、美しい流れをつくる

「クロスセル」と「アップセル」で顧客単価を上げる

「クロスセル」「アップセル」「ダウンセル」という言葉をご存じですか？

◉クロスセル……関連商品の「同時購入」を提案する

（例）「ご一緒にポテトもいかがですか？」

◉アップセル……「より高額な商品」を提案する

（例）「50円の追加料金でMサイズからLサイズにできます」

◉ダウンセル……「より低額な商品」を提案する
（例）「セット以外にも、単品のご注文も承っております」

「ひとりビジネス」では、常にこの3つのうちのどれかを提案することを意識します。そうすることで、顧客単価（ひとりのお客様の購入価格）を上げることができます。

購買意欲を引き出す「川下りマーケティング」

アップセルやクロスセルを自動化することで、ひとりのお客様から得られる収益を最大化することができます。

インターネット上で、5つ以上の商品を設定してエバーグリーンローンチを実現させる手法を、私は**「川下りマーケティング」**と命名しています。

お客様がまるで川を下るように、自然な流れで商品やサービスの購入に至るインターネットマーケティング手法です。

購買意欲を高める「川下りマーケティング」

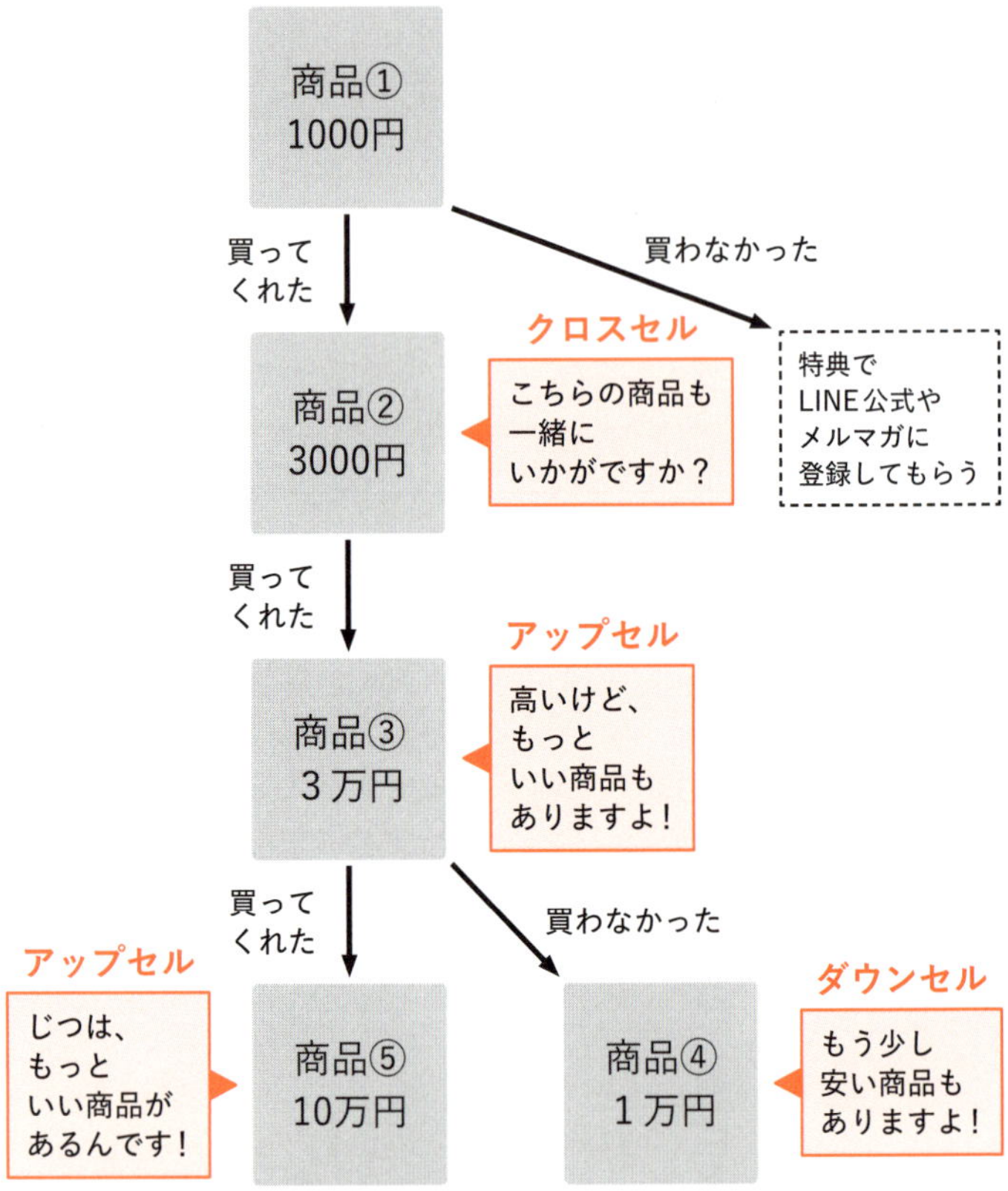

「ひとりビジネス」では、
「クロスセル」「アップセル」「ダウンセル」、
常に3つのうちのどれかを提案する。

購買意欲をスムーズに引き出すのが、この「川下りマーケティング」の特徴です。

【川下りマーケティングの例】

- フロントエンド　商品①…1000円
　　　　　　　　　商品②…3000円（クロスセル用）
- ミドルエンド　　商品③…3万円（アップセル用）
　　　　　　　　　商品④…1万円（ダウンセル用）
- バックエンド　　商品⑤…10万円（アップセル用）

- 商品①を集客商品として販売する
⬅
- 商品①の購入者に商品②も合わせて提案する（クロスセル）
⬅
- 商品①＋②の購入者に対して、商品③を提案する（アップセル）
⬅

・「商品③は高いので、いらない」という人に対して、商品③よりも安価な商品④を提案する（ダウンセル）

⬆

・商品③の購入者に、商品⑤を提案する（アップセル）

※どの商品も購入しなかった人には、LINE登録を促す。登録者はプレゼント（登録特典）がもらえるしくみをつくる。

「川下りマーケティング」のように、自動化された集客・販売のしくみをつくれば、24時間365日、顧客にアプローチできます。

また、人手に依存しないため、無限に顧客を獲得することが可能です。

「集客➡販売」の自動化でもっと自由になれる

「長時間労働になりやすい」

「提供スピードが遅くなりやすい」
「事業規模が拡大しにくい」

そんな「ひとりビジネス」の問題から抜け出すためには、人の力に依存しないビジネスモデルを構築することが大切です。

はじめは半自動でもいいんです！　少しずつ自動化を取り入れましょう。

インターネットマーケティングに関する知識がない人は、「詳しい人」とチームを組んでしくみをつくるとよいでしょう。

苦手な分野を頑張って克服しようという従来型の古いスタンスをさらりと卒業して、得意分野を活《い》かし、苦手なことは詳しい人を仲間に引き込むことで、一気に問題解決へと向かうべきなのです。

売れる習慣 52

「ひとりビジネス」の美しい流れをつくろう。

おわりに

「どうしよう」という不安・心配は、幻影にすぎない

「ひとりビジネス」をやってみる人は多いのですが、うまくいかなかったり、挫折してしまったりする方が少なくありません。

なぜか？

それは「マインドセット」が間違っているから。ボタンのかけ違いです。
日常生活で服のボタンをかけ違ってしまった場合、どうしたらいいでしょうか？
答えは……

すべてのボタンをいったん外して、最初からかけ直さないといけません。

「ひとりビジネス」もそれとまったく同じで、スタート時のマインドセットがきわめて重要なのです。

「ひとりビジネス」がうまくいかない人は、「ひとりビジネス」で結果を出している人の何倍も、ある感情を抱えています。

ある感情とは、「どうしよう」という不安です。


「『ひとりビジネス』をやってみたい」

「『ひとりビジネス』を成長させたい」

という気持ちがありながら、それ以上に、

「失敗したらどうしよう」

という不安が大きすぎて、一歩を踏み出すことができないのです。


「もし、『ひとりビジネス』がうまくいかなかったら、どうしよう……」

「収入がなくなったら、どうしよう……」

「お金がどんどん減ってしまったら、どうしよう……」

「食べていけない、家賃も払えない、生活できなくなったら、どうしよう……」

「最後は、ホームレスになったら、どうしよう……」


「どうしよう……」「どうしよう……」の連鎖の結果、

「怖いから、心配だから、不安だから、やめよう」

「今の自分は100点とは言えないけれど、失敗して0点になるくらいなら、今のままのほうがまだマシ。だからやめよう」

と自分で自分を納得させて、あきらめてしまうのです。


しかし、**不安に思っていることのほとんどは、実際には起こりません！**


ミシガン大学、ペンシルバニア大学、シンシナティ大学などの研究結果を見ても、

「心配ごとの約90％は実際には起こらない」

「起こったとしても、想定していたより良い結果に終わったり、自分の力で解決できたりする」

ということが明らかになっています。

「どうしよう……」の多くは、根拠のない憶測であり、幻影です。
実際には起こらないのに「確実にそうなってしまうだろう」と信じ込み、不安になり、多くの人が取り越し苦労をしています。

今や大企業の時代は終わりを告げ、「ユニコーン企業」と呼ばれるスタートアップ企業が急成長しています。まさに「風の時代」ですね。
「ひとりビジネス」でオフィスも持たず、10億、20億……と、わずか数年でとてつもない利益をあげてしまう人たちも増えています。

つまり、**「ひとりビジネス」はとっても夢があるんです！**
本気でユカイにチャレンジしていきましょう。

人生で大切なのは、今を「なんとなくイイ気分」で生きること

人生でもっとも大切なことは、「なんとなくイイ気分」で生きていくことです。

人生のゴールは「夢を叶《かな》えること」ではなく、「なんとなくイイ気分」で今を生きることなんです。

「なんとなく」とは、

「理由もなく、無条件に、いつでも、どこでも」

という意味です。

「理由もなく、無条件に、いつでも、どこでも」イイ気分でいるための1つの方法は、「ひとりビジネス」をやってみることなんです。

「ひとりビジネス」は単なるキャリアの選択ではなく、「なんとなくイイ気分」で自由に生きるための人生の最良の選択なのです。

毎日毎日、「どうしよう……」と取り越し苦労をしているかぎり、「なんとなくイイ

気分」で今を味わって生きることはできません。

起こってもいない幻影に振り回されるのは、もうそろそろやめにしませんか？

あなたの命を輝かせるために、無駄な心配はしないこと。

「心のブロック」「心のブレーキ」「心の悪習慣」の3つの古い地図をさらりと手放して、「なんとなくイイ気分」で今・ココを生きるための選択を始めてみてください。

「ひとりビジネス」はあなたの人生という旅にとっての自由へのパスポートなのですから。

「ひとりビジネス」の専門家　　創造学習研究所　佐藤伝

読者の方へ
特別のご案内

「ひとりビジネス」の設計図を
わかりやすく特別に図解した
期間限定の参考ページです♪
今すぐチェックしてください！

Check!

佐藤《さとう》 伝《でん》

ひとりビジネスの専門家。創造学習研究所所長。著作185万部突破のミリオンセラー作家。


脳外科医で医学博士の父と仏教学者の祖父（多田等観）の影響のもと、科学的行動習慣について研究を重ね、そのエッセンスを東京都心・半蔵門にて30年間にわたり実践指導。

氏の薫陶を受けた門下生たちは、すでに30代・40代となり、各界の第一線で活躍中。


メジャーリーグのMVP大谷翔平選手も愛用する「９マス（ナイン・マトリックス）」というユニークな問題解決＆夢実現法の開発者として、上場企業のリーダー研修や教育機関（小・中・高・大）での講演に引っ張りだこの人気講師である。

海外で翻訳された著作も多く、ウィーン・ニューヨーク・ミラノ・ロンドンなど海外講演依頼も精力的に受けている。


日本の朝活のパイオニアであり、20年以上継続している「プレミアム朝カフェ」は、全国各地からファンが集う出会いの場となっている。

人生でいちばん大事なことは、「なんとなくイイ気分」であると独自の理論を展開。

そのエッセンスをスマホで学べる「ドリーム・ナビゲーター認定講座（Dream Navigator®）」は、超人気プログラムとなっている。

精神的・経済的自由を目指す「ひとりビジネスオンライン大学」や、仏教学者の祖父から一子相伝されたチベット密教の奥義を学べる「チベットコード」など、主宰する講座は常に満員御礼。

親しみやすく明るく謙虚な人柄から、「伝ちゃん先生！」と世代を超えて慕われている。


1958年（昭和33年）生まれ。福島県出身。明治大学卒。２男１女の父。

趣味は、筋トレと瞑想。好きな食べ物は、焼きおにぎりと味噌汁。

- 佐藤 伝　公式サイト
  https://satohden.com/
- 開運COMPASS
  https://ameblo.jp/9mlab/entry-12068429382.html?frm=theme

ひとりビジネス　売れる習慣

2025年2月8日　第1刷発行

著　　者　佐藤 伝
発 行 人　松井謙介
編 集 人　後藤嘉信
企画編集　福田祐一郎
発 行 所　株式会社ワン・パブリッシング
〒105-0003 東京都港区西新橋2-23-1
印 刷 所　日経印刷株式会社

カバーデザイン　小口翔平＋嵩あかり（tobufune）
本文デザイン・DTP・図版　斎藤 充（クロロス）
校正　乙部美帆
編集協力　藤吉 豊（文道）
企画協力　森田葉子（ことのはブランディング）

●この本に関する各種お問い合わせ先
本の内容については、下記サイトのお問い合わせフォームよりお願いします。
https://one-publishing.co.jp/contact/
不良品（落丁、乱丁）については　Tel 0570-092555
業務センター　〒354-0045 埼玉県入間郡三芳町上富279-1
在庫・注文については書店専用受注センター　Tel 0570-000346

ワン・パブリッシングの書籍・雑誌についての新刊情報・詳細情報は、下記をご覧ください。
https://one-publishing.co.jp/